子どもが変わる　保護者が変わる

ワークシートから始める特別支援教育のための性教育

編著／福岡県立大学教授　松浦賢長
著作／千葉県立柏特別支援学校
イラスト／駒﨑亜里

ジアース教育新社

目次

発刊に当たって 4

第1章 解説編 本書の使い方 7

解説編 ❶ 本書の新しい考え方 8

解説編 ❷ 略案の記載と考え方 15

第2章 実践編 指導略案＆ワークシート 21

実践編 ❶ 指導略案 おとこトイレ、おんなトイレ　どっちにはいる？ 22

実践編 ❷ 指導略案 おふろにはいろう 32

実践編 ❸ 指導略案 みずぎにきがえよう 40

実践編 ❹ 指導略案 ひとりでおふろにはいろう 50

実践編 ❺ 指導略案 おともだちとの「あいだ」 62

実践編 ❻ 指導略案 「おすし」で自分を守ろう 70

実践編 ❼ 指導略案 大きくなったわたしたちの体 80

実践編 ❽ 指導略案 「かくすところ」の決まりと約束を守ろう 92

実践編 ❾ 指導略案 月経（生理）について知ろう 102

実践編 ❿ 指導略案 「いかのおすし」で自分を守ろう 114

実践編 ⓫ 指導略案 異性との関わり方を学ぼう① 126

実践編 ⓬ 指導略案 異性との関わり方を学ぼう② 136

実践編 ⓭ 指導略案 異性との関わり方を学ぼう③ 144

実践編 ⓮ 指導略案 「ちかん」に間違われたら 152

実践編 ⓯ 指導略案 思春期の心の変化について知ろう 162

実践編 ⓰ 指導略案 思春期の体の成長を知ろう 172

実践編 ⓱ 指導略案 妊娠・出産について考えよう 180

実践編 ⑱	指導略案　現実的な家族計画を考えよう	188
実践編 ⑲	指導略案　健康な生活を送るために	198
実践編 ⑳	指導略案　身近な性に関する情報と向き合うために	208

コラム 二次性徴 …………………………………………………………… 49

コラム 子育てと子離れ ……………………………………………… 61

コラム カタカナ言葉にご用心！ ………………………… 61

コラム あいだと距離感 ……………………………………………… 69

コラム ルールとマナー ……………………………………………… 69

コラム プライベート・ゾーン ………………………… 113

コラム 理念と理想 ……………………………………………………… 161

コラム 思春期とは何か ……………………………………………… 197

コラム 教師と教員 ……………………………………………………… 207

第3章 資料編 学校での指導、保護者との連携 …………… 219

特別支援学校での性に関する指導 ………………………………………… 220

保護者との連携 ……………………………………………………………………… 225

初経指導と月経指導 ……………………………………………………………… 228

第4章 素材編 CD-ROM 収録イラスト一覧 …………… 229

終わりに（編者から） …………………………………………………………… 241

参考文献 …………………………………………………………………………………… 242

執筆者等一覧 …………………………………………………………………………… 243

発刊に当たって

　本書は、平成 26 年度・27 年度に、千葉県教育委員会の研究指定を受けて、千葉県立柏特別支援学校が取り組んだ実践研究について、福岡県立大学教授であられる松浦賢長先生の御指導を受けて、改訂・整理し、一冊の本にまとめたものです。

　平成 26 年度・27 年度の研究指定は、研究分野「一人一人の教育的ニーズに応じた教育課程」、研究課題「知的障害を教育する特別支援学校における性に関する指導・支援の充実を図るため、指導・支援の具体的内容や方法を明らかにするとともに、実際の指導に活用できる教材や手引きなどの開発を含めた実践研究を行う。」というものでした。

　まず、研究指定をいただいた千葉県教育委員会に御礼申し上げますとともに、 2 年間の実践研究に取り組まれた、当時の岩井隆典校長先生はじめ、関係する当校教職員の皆さんに深く感謝申し上げます。

　この研究は、知的障害のある児童生徒にとって有効な性に関する指導について、小学部・中学部・高等部の 12 年間の系統性をもった指導・支援の構築を目指し、授業実践を行いながらまとめていくとともに、発達段階や生活年齢に応じた教材・教具の開発・作成・整理を行ったものです。

　教材・教具の開発等においては、お子さんたちにとって、分かりやすく、また興味・関心がもちやすいように、イラスト等の視覚的支援を大切にし、指導の成果が、お子さんも、教師も、そして保護者の方にも目で見て分かり、具体的に振り返りができるように、ワークシートを活用することとしました。ワークシートは、お子さんの発達段階等に合わせて、文字を記入したり、○×を付けたり、シールを貼ったりするようにしてあります。

　平成 27 年度には、家庭との連携を強く意識して、まず、全校保護者を対象とした性に関する指導のアンケート調査を実施した上で、授業で使用したワークシートや資料を家庭に配布し、感想を記入いただいて学校まで提出いただくというやりとりを繰り返しました。

　いわば、学校と家庭が両輪となって、性に関する指導について、お子さんが自分で取り組める学習内容を、柏特別支援学校としての 12 年間の指導の系統性と、お子さ

ん一人一人の個別の系統性を意識して実践し、整理したものといえるかと思います。

　なお、2年間の研究のまとめについて、当校のホームページ（https://cms1.chiba-c.ed.jp/kashiwa-sh/kenkyu.html）で公開しておりますので、御参照ください。

　また、本書は、松浦先生の御指導・御執筆があってこそ、こうしてまとめることができたものです。

　本書の全ては、当校の性に関する指導についての研究が先生のお目にとまり、「本にしてみませんか」というお言葉をいただいたことから始まりました。

　先生からお書きいただいた、知的障害のあるお子さんたちの性に関する指導についての、実践的な理論や用語等に関する整理は、体系的で、誠に分かりやすいものであり、今後の知的障害のある児童生徒への性教育に関する、新しい方向性を示していただくことができました。

　私どもにお示しいただいた貴重な御意見から、今後の特別支援教育を担っていく当校の教職員は、たくさんの知見と、元気・やる気をいただくことができました。性教育や障害のあるお子さんへの指導・支援、学生さんや若手教職員の育成等について、時には熱く、時には理論的にお話しいただいた内容は、私をはじめ、教職員にとって、一生の宝となるものです。

　松浦先生におかれましては、感謝の言葉もございません。

　さらに、本書の出版に当たっては、ワークシートを見直し、保健関係のイラストで御高名な、コマザキ先生こと、船橋市立船橋特別支援学校養護教諭の駒﨑亜里先生に、全面的に御協力いただいて、お子さんたちに分かりやすい、素敵なイラストを描いていただくことができました。コマザキ先生、御多用のところ、本当にありがとうございました。

　さて、本書は、知的障害のあるお子さんと、その教育に当たる教師に向けて、できるだけ実践に役立つようにまとめたもので、当校の実践としては、イラスト等の視覚的支援を大切にしたワークシートと、それに基づいた指導略案が中心となります。指導略案は、平成29年に告示された、小学校・中学校及び特別支援学校小学部・中学部

の新学習指導要領の趣旨に鑑み、育成すべき資質能力として、「何を理解し、何ができるか～知識及び技能～」「学んだことをどう使えるか～思考力・判断力・表現力等～」「主体的に学習に取り組むためにどのように学ぶか～学びに向かう力、人間性等～」の観点を設けて、改訂・整理しました。

　本書には、是非、保護者の皆様にも御活用いただきたいとの願いもこもっております。本書の内容については、お子さんの役に立つものであれば、学校や御家庭で、全て自由に御活用いただきたいと思っております。

　「性」の問題は、年齢・相手との関係性・社会的立場・場所などによって、同じ行動がいろいろな意味をもち、評価を受けます。小学部1年生段階から高等部3年生段階までの12年、そして、学校卒業後の長い社会生活に至るまで、お子さんの発達段階と体の成長に応じて、いろいろな目標を設定し、手立てを講じることが重要です。

　本書では、教育とは、できること、分かることを増やし、お子さんたちに、達成感や成就感・自己有用感をもっていただく営みであるとの思いから、お子さんたちの可能性を信じて、できること、分かること、行うべきことをまとめたつもりです。きまりや約束の中には、してはいけないこと、も当然入ってはおりますが、一人一人のお子さんに、その時々で、どのように振る舞うことがよいのか、をお伝えすることが、本書の目指すところです。

　本書は、お子さんたちを思う多くの方の支えがあってまとまったものです。本書が、お子さんたちの、よりよい今日、希望に満ちた明日に向けて、少しでもお役に立つことができれば、支えていただいた皆様の思いに応えることにつながりますとともに、当校としても望外の幸せです。

平成 30 年 2 月　千葉県立柏特別支援学校長　近藤　明紀

第1章 解説編

本書の使い方

解説編 I 本書の新しい考え方

注．本書で用いられている「性教育」という表現は、学校で行われる集団を対象とした性に関する指導を指します。

文部科学省のホームページに公開される文書等において、平成18年以降、「性教育」という表現は用いられなくなっており、それに代わって「性に関する指導」もしくは「性に関する教育」、あるいはその両者（例：生徒指導提要）が用いられています。本書ではこのことも考慮した上で、一般的に用いられている「性教育」という表現を学校における集団指導に限定して用いていくことにします。

また、本書では、性教育が扱われる時間によらず、「授業」という表現を用いることにします。

I−1．学校における性教育の特徴

学校における性教育の特徴を一つあげておきたいと思います。それは、回数が限られていることです。多くの学校では、1、2回の実践回数だと思います。別の表現をすれば、性教育には「次はない！」ことになります。

この少ない回数の授業（貴重な機会！）をどう生かすのか。そのためにはどのような取り組みをするべきなのか。本書でお伝えしたい新しい取り組みの考え方は、下記のものです。

　①「目標を立て、評価を行い、必ずフォローしましょう。」
　②「保護者にも性教育の一端を担ってもらいましょう。」
　③「単元（授業・活動のまとまり）の中で性教育の授業を行いましょう。」

この①と②の考え方の橋渡しをするのが、本書でご紹介する新しい"ワークシート"です。この"ワークシート"はこれまでのワークシートとは異なり、評価と家庭との連携に焦点を当てた作りになっています。

また、この数少ない機会を生かすには、2段階の方法があります。まずは性教育の年間（あるいは学年進行）計画を立てることです。特別支援学校における性の指導計画については、このあとの発達段階のところで触れたいと思います。

そしてもう一つの方法ですが、性教育の授業を単独で扱うのではなく、できるだけ単元を構成した上でそこに入れ込む形で教育効果を上げることです。ここで出てくる概念は「単元」「題材」そして「授業」ですが、これらの定義と関連は、「解説編② 略案の記載と考え方」で扱います。

I−2．「終わり」からはじめる性教育

「終わり」とは「end」のことです。「end」とは「行きつく先」のことであり、いわゆる「目的」を指しています。その「目的」という的（まと）を具体的に示すのが「目標」という標（しるし）になります。

これまでの性教育実践の多くは、目的は（抽象的なレベルで）書かれているものの、目標が掲げられていませんでした。例えば、外部講師を呼んで講演をお願いする場合、そこに目標が掲げられることはほとんどありませんでした。ゆえに目標が"達成"されたか否かという考え（これを「評価」といいます）が教える側に意識されず、そこに「評価」の観点が入ることはありませんでした。

では、これまでの性教育でしばしば用いられている「感想文」についてはどう考えるべきでしょうか。結論からいえば、「感想文」では十分な「評価」ができません。なぜなら、感想文では児童生徒が得たものを推

測することはある程度可能ですが、それぞれの児童生徒が目標という標（しるし）まで到達したかどうかという単純な判断（これが「評価」です）ができる "物差し" が「感想文」には入っていないからです。

　本書は、PDCA サイクルを回して、子どもたちの将来のために常に性教育実践を見直して変えていくことのできる新しい考え方を導入します。その最初のキーワードが「目標」です。これはまさに、性教育を「終わり（end)」から組み立ててみようという提案です。

❶－3．目的と目標

　目的と目標をまずは明確に分けて考えてみたいと思います。この使い分けは今では新しい法律にも反映されています。平成 18 年に改正された教育基本法を見てみます。

教育の目的

第一条　　教育は、人格の完成を目指し、平和で民主的な国家及び社会の形成者として必要な資質を備えた心身ともに健康な国民の育成を期して行われなければならない。

教育の目標

第二条　　教育は、その目的を実現するため、学問の自由を尊重しつつ、次に掲げる目標を達成するよう行われるものとする。
- 一　幅広い知識と教養を身に付け、真理を求める態度を養い、豊かな情操と道徳心を培うとともに、健やかな身体を養うこと。
- 二　個人の価値を尊重して、その能力を伸ばし、創造性を培い、自主及び自律の精神を養うとともに、職業及び生活との関連を重視し、勤労を重んずる態度を養うこと。
- 三　正義と責任、男女の平等、自他の敬愛と協力を重んずるとともに、公共の精神に基づき、主体的に社会の形成に参画し、その発展に寄与する態度を養うこと。
- 四　生命を尊び、自然を大切にし、環境の保全に寄与する態度を養うこと。
- 五　伝統と文化を尊重し、それらをはぐくんできた我が国と郷土を愛するとともに、他国を尊重し、国際社会の平和と発展に寄与する態度を養うこと。

　教育基本法を例にすると、教育の「終わり」、すなわち「目的（end)＝行きつくところ」は、"人格の完成" になります。その目的を具体的に示すのが「目標」になります。その「目標」は 5 つに分けて設定されていることがわかります。何よりも、「目標」には「達成」という動詞が付随して用いられているのがポイントです。目標が達成できたかどうか、これを評価というわけです。

❶－4．目標とするもの、その表現

　では何を性教育の「目標」とすればよいのでしょうか。端的にいえば、これは子どもたちが身につける資質・能力になります。資質というのは、「生まれつき」という語意を持つ言葉であり、わずか数回の授業だけで身につくもの（開発されるもの）ではありません。ゆえに、今回は「能力」の方に注目してみたいと思います。

　「能力」とは、この漢字のとおり、「できる」ということです。ここから、今回本書では、できるだけ「目標」には「～できる」という表現を用いたいと思います。

　ちなみに子どもたちが学校教育で身につける資質・能力は、3 つの柱（新学習指導要領：平成 29 年 3 月公示）

で構成されています。それらは「知識及び技能」「思考力・判断力・表現力等」「学びに向かう力、人間性等」になります。同じ「〜できる」という表現でも、「知識及び技能」の柱における「〜できる（わかる）」という場合もあるでしょうし、「思考力・判断力・表現力等」の柱における「〜できる」という場合もあるでしょう。どの柱の「〜できる」を目標にするのか…性教育を組み立てる前に明確にしておきたいものです。

❶−5．ワークシートの構成

「終わり」からはじめる性教育の2つ目のキーワードは、「ワークシート」です。本書のワークシートは一言でいえば、「評価」の物差し（できたかできなかったかを判断する物差し）であり、保護者との橋渡しになります。

本書のワークシートは、「目標」と「課題」、そして「保護者とのやりとり」で構成されています。本項目では、「目標」と「課題」を中心に説明します。

本書のワークシートには、最初のページに「目標」（多くは2点か3点）が書かれており、この授業を通して子どもたちが何をできるようになるのかということを明確にしています。教える側（教師）に向けた目標のページと、学ぶ側（児童生徒）に向けた目標のページがあります。授業の組み立てには試行錯誤がつきものです。迷った場合は、いつもこの「終わり」である目標に立ち帰っていただいて、授業の中身や方法を吟味していただければと思います。繰り返しますが、まず考えるのは「目標」であり、そこをもとに組み立てるのが「授業」ということになります。

ワークシートの2ページ目からは「課題」が出てきます。「目標」に対応したこれらの課題を子どもたちが「できる（わかる）」ようになることを目指します。授業の終わりに、この課題（あるいは課題の一部）が「できた（わかった）」かどうかを判断します。いわゆる「評価」です。このワークシートが「目標」に対応した「評価」の物差しになるわけです。

授業を受けてワークシートに取り組むわけですが、課題（あるいは課題の一部）が「できない（わからない）」子どもがいたとします。授業内容やその難易度、あるいは授業方法を見直す必要が出てきます。場合によっては、それらの課題が「できる（わかる）」ようになるための別の取り組み（例えば個別指導など）をしなくてはいけないことになります。このようにしてできるだけすべての子どもたちが目標を達成するように手立てを考えていきます。その中心となるのが、本書ではワークシートになるわけです。

❶−6．ワークシートと保護者とのやりとり

本書のワークシートすべてに、「保護者とのやりとり」欄を設けています。授業で扱った内容を保護者にお知らせすることはもちろんのこと、子どもの目標達成に関して学校側のコメントを伝えること、家庭でもこういう取り組みをしてほしいと伝えること、さらには家庭での様子や工夫について保護者から状況を寄せてもらうこと等ができるようになっています。

特別支援学校に通う子どもたちにとって、保護者の存在、家庭のあり方はとても大きなものです。子どもたちはやがて社会で自立していくわけですが、その練習の場が学校であり、家庭であると筆者らは考えています（図）。学校で学んだことを定着できるような家庭であってほしいと思います。家庭・保護者が変わらなければ子どもも変わらない。そのためのやりとりをするのが本書のワークシートの大きな特徴です。本書の副題を「子どもが変わる！保護者が変わる！」としていますが、それを実現するためのワークシート構成となっています。

ちなみに定着とは、身につくということです。身につくというのは大変難しい概念ですが、基本的には、

繰り返し行うことでできるようになることです。その際には、周囲からの適切な声かけも重要です。繰り返しとは何回くらいかといいますと、おそらく数百回から千回程度ではないかと考えています。毎日１回行えば約３年で身につく勘定です。毎日３回ならば、約１年です。

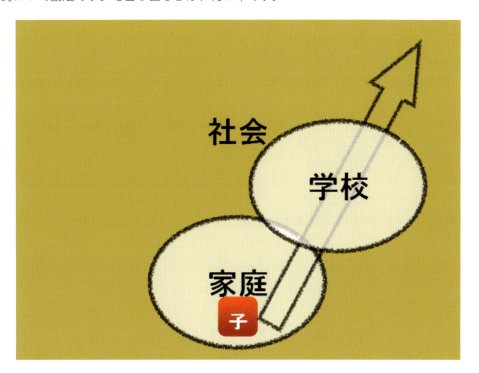

❶－7．評価後のフォロー

　本書は性教育のポイントに「目標を立て、評価を行い、必ずフォローしましょう」と、「保護者にも性教育の一端を担ってもらいましょう」を掲げました。これを PDCA の観点から説明します。

　授業と PDCA は切り離せません。

　「完璧な授業は存在しない」（わたしたちの頭の中には存在する！）からであり、「完結する授業はない」からです。実際の子どもたちを前にして、常に授業を改善していく（集団還元としておきます）必要があります。しかしながら、冒頭でも書きましたように、性教育の授業に「次はない！」という厳しい現実があります。来年度に向けた改善は、PDCA サイクルを回す中で取り組むことは当然ですが、「次はない！」のですから、いま学んだ児童生徒に対する速やかなフォロー（個別還元）が必須となります。とくに、目標を達成しなかった児童生徒へのフォローは重要であり、これも PDCA の一環だといえます。

　このフォローには３種類あります。①個別指導を行っていくこと（個別還元）、②家庭との連携をはかること（個別還元）、そして③繰り返し指導すること（集団還元）です。

　個別指導の重要性については言うまでもありませんが、家庭との連携はとくに重要になります。今回、わたしたちが工夫したワークシートには、子どもが授業の目標を達成したかどうかを知らせると同時に、家庭でも取り組んでほしいことを書き込めるようになっています。学校での性教育に歩調を合わせて、家庭でも指導してもらうということですが、さらにそこを進めて「保護者にも性教育の一端を担ってもらう」というレベルで推進するべきだと考えています。

　また、繰り返し指導するということですが、これは進級した学年でも同じ題材の性教育を扱ってよいということです。昨年、取り組んだ題材だから、学年が上がった今年はやめておくと考えるのではなく、同じ題

材でも学年を越えて扱ってもよいのです。

❶－8．子どもの発達段階　その1

　学校における性に関する指導は、発達段階を十分考慮して行うべきだといわれます。たしかにその通りなのですが、実はこの発達段階（特に性教育に活用できるような）はどこに明記されているのでしょうか。どこにも存在していないようにも思えますが、存在するとすればどこに存在するのでしょうか。

　その答えは、「学習指導要領」です。

　学習指導要領は、いわゆる子どもの脳神経系の発達レベルに合わせて、各段階で教えられることが書かれています。ですので、どの教科を見ても、同じようなこと（レベル）が書かれているのです。また改訂ごとのレベル変動はほとんどありません。それは脳神経系の発達が今も昔もあまり変わっていないからです。小学校で因数分解が出てこないのは、数学的な理解の積み上げがなされていないからということよりも、そもそも因数分解という高度な抽象能力が求められる精神活動に見合う発達レベル（脳神経系）に達していないからなのです。

　このような視点で、学習指導要領（全教科）を分析すると、下記の発達段階が描かれているのがわかりました。

学習指導要領（全教科）から導く発達段階

身体性の発達（小学校低学年まで）
- ・身体感覚が育つ
- ・身の回りのものに注意を向ける
- ・具体物や経験をもとにした教材

関係性の発達（小学校3・4年）
- ・自分は関係の中で生きているという価値転換
- ・事物の関係や関連付けをもとにした教材

抽象性の発達（小学校高学年）
- ・抽象的事項（例．いのち）を理解しはじめる
- ・状況や心情を推測することができる

社会性の発達（中学校）
- ・見ず知らずの人たちと生きる世界を描くことができる
- ・国や世界の情勢を統計数値等で読み解くことができる

　小学校低学年（約8歳まで）では具体物を用いた授業が行われます。すなわち【身体性】を伸ばしていく時期になります。いわゆる脳神経系（身体含む）に子ども時代の原風景が刻まれるのが8歳までとなります。

　小学校中学年（9歳、10歳あたり）になりますと、世界が大きく転換していきます。自分はこの身体を中心とした存在ではなく、【関係性】の上に成り立つ存在なのだという世界観の大転換をやってのける時期です。数直線や分数、少数点等の難物が出てくる時期です。各教科には、低学年ではあまり見られなかった「関係」や「関連」というキーワードが多く出てくるようになります。次の思春期を控える時期であり、最後の「子ども期」といってもよいでしょう。最も子どもらしさが輝く時期になります。

　小学校高学年（11歳、12歳あたり）になりますと、関係性の上に【抽象性】が育ってきます。「いのち」

という極めて抽象度の高い言葉を理解できるようになっていきます。「いのち」という言葉は、書くことは簡単なので、早くから（保育園児でも！）理解できると誤ってとらえられがちですが、極めて難易度の高い単語であり、小学校高学年以降の理解を待つことになります。この抽象性の開発とともに、将来の自分の姿を描くこともでき、かつそれに合わせた今の行動制御も少しずつできてきます。いわゆる「予防」という概念が教育可能になるのがこの時期です。

　　※関係性がうまく育っていないと抽象性も育ちにくいことがわかっています（三沢直子：『描画テストに表れた子どもの心の危機』）。

　　中学校以降になりますと、【社会性】が開発されていきます。見ず知らずの人たちとどんな社会を築いていくのかということまで考えを馳せることができるようになります。教科のレベルも難易度（社会レベル）の高い内容を扱いはじめます。

　　このように、学習指導要領を分析すると、子どもの脳神経系は「身体性」「関係性」「抽象性」「社会性」の4つの段階を経て発達していくということがわかります。これをまずは本書の発達段階その1としておきます。

❶－9．子どもの発達段階　その2

　　では、次は性教育に即したかたちの発達段階を説明します（次ページの図を参照）。"定型発達"児ではこのような発達の順序性が見られますが、実は特別支援学校の性教育では、とくに注意しておく点が2つ存在するのです。

注）英語の neuro typical を「定型発達」とここでは記載することにします。この英語を正確に訳せば、脳神経系の定型的な発達、となります。今回、系統性や一貫性という考え方が脳神経系の発達に即しているという観点から、文中に「定型発達」という表現を用いています。

　　その1つ目は、特別支援の対象児童生徒は、必ずしも定型発達と同様な発達順序性を持つとは限らないということです。ただ単に定型発達児の発達を「ゆっくり」と進んでいるわけではない場合もあるということです。

　　また、定型発達児では、これらの発達と実際の行動がほぼ合っているのに対して、定型でない場合には、その発達と行動が乖離している場合が見られるということも2つ目の注意しておく点になります。

　　しばしば性教育の実践（とくに研究指定事業など）では、実践の前に内容の系統性や一貫性が求められます。ある学年だけではなく、学年を通じて性教育を計画することが求められます。たしかに学校教育活動全体を通じて展開するのが性教育ですので、教員や保護者にわかりやすくその計画を見せ、理解し取り組んでもらうことが必要なのは頷けます。しかしながら、特別支援学校では少し事情が異なる部分があります。

　　特別支援学校に通う子どもたちは定型発達児ばかりではなく、同じ学年でも、毎年子どもたちの状況がかなり異なることがあるのが特徴です。系統性や一貫性という考え方は、定型発達児の脳神経系の発達（が順序立っているということ）に即したものであり、特別支援学校では、まずは目の前の子供たちの状況に合わせた実践を積み重ねていくということが大切になります。

　　ここから導き出されることですが、特別支援学校の性の指導計画は、必ずしも一貫した、系統立ったものに"前もって"苦労して仕上げる必要はないということです。同じ題材を複数の学年（あるいは学部）に組み込むこともありえるわけです。また、定型発達児向けの発達順序の入れ替えをすることもありえるわけです。ですので、系統的とか一貫したとか、という表現にとらわれすぎることなく、目の前の子どもたちの実態に合った計画を立てて、実践をまずは積み重ねていただければと思います。系統性や一貫性の検討はそのあとに行えばよいと考えています。

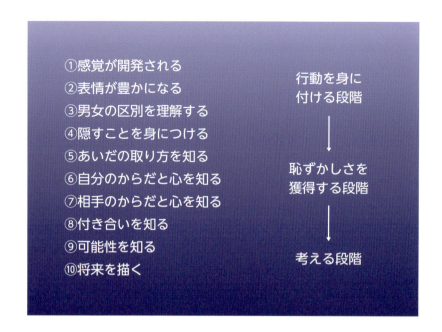

　上図にある「恥ずかしさ」とは「第三者の目を意識して自らの行動を制御しようとする」ことです。これは、とても高度な心身の協調であり、人間（社会的動物！）としてとても重要です。この「恥ずかしさ」は生まれつき身につくものではありません。毎日のトレーニングやしつけの中で育っていきます。上に書きましたが、数百回から千回程度のやりとりがあって身につくと考えられます。

　ちなみに、"恥ずかしいから隠す"のではなく、"隠すから恥ずかしい"のです。つまり、隠すという行動をもとに恥ずかしいという心身協調が身についてくるのです。日常においては、まず隠すということを教え、そこに言葉（"第三者"が見ていますよ、あー恥ずかしい恥ずかしい等）をかけるということになります。定型発達児においては、まだ身体性が育っている最中（3〜4歳）にこの働きかけが行われています。

　また、この①から⑩までを先の学習指導要領から導いた発達段階に対応させると下の図になります。特別支援学校では、同じ学年でも児童生徒の発達段階が少し異なっている場合があります。その場合は、カフェテリア方式（複数用意された課題に子どもたちが分かれて学ぶ方式）による授業を検討することも必要でしょう。

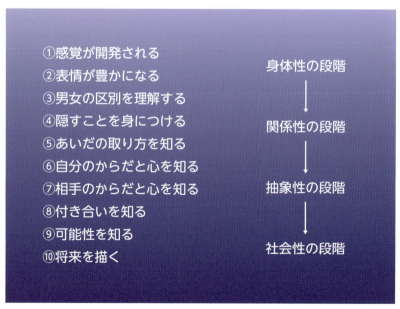

解説編 ② 略案の記載と考え方

❷−１．単元と題材

「解説編① 本書の新しい考え方」で「単元」「題材」「授業」について少し触れました。性教育の機会は数少ないので、効果を生むための工夫として「単元」や「題材」をうまく取り入れることを提唱します。

まず本書における語句の定義をしておきます。「単元」とは、授業のまとまりのことです。通常は教科書の目次にあるように、中項目（教科によっては小項目）を単元としてとらえていますが、本書では複数教科や活動にまたがる授業のまとまりも「単元」として積極的に扱いたいと思います。

さらに、今回は、小学部と中学部の授業を一つのまとまりとして「単元」として扱うことも工夫しました。これは、性被害の防止に関連する単元です。この題材は、小学校の保健の教科書にも中学校の保健の教科書にも同様に扱われており、小中という校種を越えた重要な題材であることや、性犯罪厳罰化の法改正により、女子だけではなく男子も被害を受けるということを保護者にも共有してもらうことが必要であることから、学部を越えた「単元」として組んであります。

つぎに本書で扱う「題材」の意味です。こちらは性教育の授業内容を教員向けに示したものですが、複数の授業を一つの題材で表す場合もあります。たとえば「異性との関わり方」という「題材」で複数の性教育授業を展開するという形になります。

本書の略案ですが、「単元」と「題材」の考え方の中に落とし込んで展開する授業について、下記に例を示しておきます。

	実施学年	単元	題材	授業名	授業設定時間	本時の目標	知識及び技能	思考力・判断力・表現力等
実践10	高1（グループ別）		性被害	「いかのおすし」で自分を守ろう	職業	①不審者について知る ②不審者への対処法を知る ③不審者への対処法を考える	○	○
実践11	高3（グループ別）			異性との関わり方を学ぼう①	保健体育	①性加害者に間違われる行動を知る ②性加害者に間違われないための行動を考える	○	○
実践12	高3（グループ別）	性のトラブルから自分を守る		異性との関わり方を学ぼう②	保健体育	①性加害者となってしまう行動を知る ②性加害者に間違われないための行動を考える	○	○
実践13	高3（グループ別）		性加害	異性との関わり方を学ぼう③	保健体育	①性加害者に間違われないための行動を考える ②性加害者に間違われたときの対処法を知る ③性加害者に間違われたときの対処法を考える	○	○
実践14	高:職業コース			「ちかん」に間違われたら	職業	①性加害者（ちかん）に間違われたときの対処法を考える ②性加害者（ちかん）に間違われたときに正しい対処ができる	○	○

❷－２．指導略案の構成

　「第２章 実践編」では指導略案の冒頭部分に、「単元」「題材」「授業」のタイトルに加え、略案の授業が行われる時間がわかるようにしました。特別支援学校ですと、日常生活の指導の時間、生活単元学習の時間、特別活動の時間、保健体育・保健の時間、家庭の時間、あるいは職業の時間等、いろいろな時間設定が工夫されていると思います。

　なお、実際に取り組んだ学部と学年もタイトルのところに書きましたが、これについては、その学年表記に縛られることなく、読者ご自身の学校の状況に合わせて取り扱う学年を前後させたり、同じ題材を複数学年で取り組んだり、柔軟に取り扱ってください。

　ここで本書の略案一覧（授業レベル）を下記に示しておきます。それぞれに目標・評価と保護者連携のためのワークシートが作成されています。

　下記の収録授業一覧ですが、「知識及び技能」および「思考力・判断力・表現力等」のカラムをご覧ください。各授業の目標に対応する学びを示しました。これを見るとわかるのですが、全ての授業が「知識及び技能」を扱っていることがわかります。また、高等部になりますと、「思考力・判断力・表現力等」を扱う授業も多くなっています。ただし、これは発達段階の関係で高等部に集中しているというわけではありません。

　小学部（実践１～５）をご覧ください。最初の４つの授業は「思考力・判断力・表現力等」を扱うとしています。それはなぜかといいますと、実際に"現地（宿泊学習先や家庭）"で「できたかどうか」を評価するところまでを授業の目標として扱うからです。このように、工夫次第では、また評価のあり方次第では、発達段階に即した「思考力・判断力・表現力等」の学びが可能となることがわかります。

　「知識及び技能」を扱う授業であっても、応用的な表現力（行動）を見据えた授業の組み立てをしたいものです。最終目標は子どもたちの自立にあるわけですから。読者のみなさまの創意工夫に期待しています。

	実施学年	単元	題材	授業名	授業設定時間	本時の目標	知識及び技能	思考力・判断力・表現力等
実践1	小3	ショッピングモールへ行こう	公共トイレの利用	おとこトイレ、おんなトイレどっちにはいる？	生活単元学習	①男トイレ、女トイレのマークの違いを知る ②どちらのトイレに入るか、わからないときの対処法を知る ③トイレのマークを見て、自分の性にあったトイレに入ることができる ④ショッピングモールで自分の性にあったトイレに入ることができる（現地評価）	○	○
実践2	小4	自然の家にとまろう	入浴の方法	おふろにはいろう	生活単元学習	①お風呂に入るときの約束を知る ②体を洗う順番を知る ③男女別のお風呂に入ることができる ④自然の家でお風呂に入るときの約束を守ることができる（現地評価）	○	○
実践3	小6	プール事前指導	プールでの着替え	みずぎにきがえよう	生活単元学習	①プールでは、男女別の着替える場所があることを知る ②水着に着替えるときは、「かくすところ」があることを知る ③ラップタオルを使って、水着に着替えることができる ④プールの更衣室で、ラップタオルを巻いて水着に着替えることができる（現地評価）	○	○
実践4	小6	お風呂の約束	入浴の約束	ひとりでおふろにはいろう	生活単元学習	①体の「かくすところ」を知る ②お風呂での約束を知る ③家庭での入浴ができる（家庭からの評価）	○	○

	実施学年	単元	題材	授業名	授業設定時間	本時の目標	知識及び技能	思考力・判断力・表現力等
実践5	小5	「あいだ」のとり方	人との距離	おともだちとの「あいだ」	生活単元学習	①友達との「あいだ」を知る ②友達との「あいだ」をとることができる	○	
実践6	中（グループ別）		距離を越えた人への対応	「おすし」で自分を守ろう	生活単元学習	①相手が誰であっても、「あいだ」をとることを知る ②相手が「あいだ」を越えてきた場合の対応「お」「す」「し」を知る	○	
実践7	中2	思春期の体の変化	二次性徴	大きくなったわたしたちの体	保健体育	①思春期の男女の体の変化を知る ②体のことで困ったときに相談できる相手を知る	○	
実践8	中2		決まりと約束	「かくすところ」の決まりと約束を守ろう	保健体育	①改めて、体の「かくすところ」を知る ②体の「かくすところ」の決まりと約束を知る	○	
実践9	高2（グループ別）	素敵な大人を目指して	月経(女子)	月経（生理）について知ろう	保健体育	①月経（生理）のときの対応について知る ②月経（生理）の記録をつけることができる	○	
実践10	高1（グループ別）	性のトラブルから自分を守る	性被害	「いかのおすし」で自分を守ろう	職業	①不審者について知る ②不審者への対処法を知る ③不審者への対処法を考える	○	○
実践11	高3（グループ別）		性加害	異性との関わり方を学ぼう①	保健体育	①性加害者となってしまう行動を知る ②性加害者に間違われないための行動を考える	○	○
実践12	高3（グループ別）			異性との関わり方を学ぼう②	保健体育	①性加害者に間違われる行動を知る ②性加害者に間違われないための行動を考える	○	○
実践13	高3（グループ別）			異性との関わり方を学ぼう③	保健体育	①性加害者に間違われないための行動を考える ②性加害者に間違われたときの対処法を知る ③性加害者に間違われたときの対処法を考える	○	○
実践14	高：職業コース			「ちかん」に間違われたら	職業	①性加害者（ちかん）に間違われたときの対処法を考える ②性加害者（ちかん）に間違われたときに正しい対処ができる	○	○
実践15	高：職業コース	性と健康	性意識	思春期の心の変化について知ろう	保健体育	①思春期の異性への関心や性的欲求の高まりについて知る ②思春期の異性への関心や性的関心の高まりからくる行動と決まりを知る	○	
実践16	高：職業コース		精通・射精(男子)	思春期の体の成長を知ろう	保健体育	①精通・射精について知る ②精通・射精の対処法について知る	○	
実践17	高：職業コース		妊娠・出産	妊娠・出産について考えよう	保健体育	①妊娠の成立について知る ②胎児の成長を知る ③出産予定日を予測できる	○	
実践18	高：職業コース		家族計画・避妊	現実的な家族計画を考えよう	保健体育（時間延長）	①家族計画の考え方を知る ②避妊について知る ③人工妊娠中絶と健康について知る	○	
実践19	高：職業コース		性感染症	健康な生活を送るために	保健体育	①性感染症の症状を知る ②感染が疑われたときの行動を考える	○	○
実践20	高：職業コース		性情報への対処	身近な性に関する情報と向き合うために	保健体育	①身の回りには、多くの性情報があることを知る ②危険な性情報があることを知る ③性情報に対する適切な行動を考える	○	○

❷－3．授業の説明

　第2章の指導略案では「1　題材・単元の構成」の次に「2　授業の説明」を記載しています。

　授業の説明の（1）には、児童生徒の様子を書きました。それぞれの学校に特有の状況があると思います。この指導略案が開発された千葉県立柏特別支援学校のある学年の状況ということでイメージしてください。

　授業の説明の（2）（3）（4）は、子どもたちの"学び"について書き入れました。新しい学習指導要領（平成29年公示）の子どもたちが身につける3つの力（学力の3要素）にそれぞれが対応します。ここでは、単元・授業が完全ならば子どもたちはこうなるという完璧な姿（理念といいます）を"言い切るかたち"で描いています。必要に応じて、単元を構成する他の授業からの流れも書いています。

　具体的には、（2）は「知識及び技能」について扱います。知識として「わかる」という段階を達成する授業なのか、技能として「できる」という段階を達成する授業なのかを書き込みました。（3）は「思考力・判断力・表現力等」について扱います。様々な状況で自ら判断し「行動できる」という段階を達成するための授業なのかを書き込みました。（4）は「学びに向かう力、人間性等」です。子どもたちが生き生きとして取り組むことができる授業の工夫や、学びの意欲を引き出す工夫を書きました。主体的な問いが子どもに生まれるような工夫もここに入ります。さらに、家庭との連携の工夫もここに書き込みました。

　ちなみに、「知識及び技能」における「できる」という行動と、「思考力・判断力・表現力等」における「できる」という行動をどう分けて考えるかですが、「技能」のほうは、「自分で行える」という行動レベルのものをわたしたちは描いています。一方、「表現力」のほうは、「他者とかかわりながら（助けを得ながら、巻き込んで）行える」という状況判断をしたうえでの行動レベルをわたしたちは描いています。

❷－4．本時の指導

　こちらは目標から展開までを、通例に従って記述しています。目標については、ワークシートに掲げた目標と同じものとし、評価については、ワークシートでそれをはかることから、目標・評価としてまとめています。ただし、現地評価の場合は、その旨書き込むようにしています。

❷－5．わかる・できるとは何か

　わたしたちは、日常生活で「わかった」とか「できた」とかの表現をよく用います。授業においても、「わかりましたか」とか「できましたか」という問いかけをしばしば行います。

　ここでは、「わかる」や「できる」を少し深めてみます。下の枠をごらんください。「わかる」の5段階とその評価方法です。「わかる」にもいろいろな段階がありますので、どの段階の「わかる」をこの授業では目指しており、それが達成できたかどうかをどんな評価方法ではかるのか、の参考にしてください。この考え方は「わかる」だけではなく、「できる」にも利用できます。

「わかる」の5段階

① わかったと思える ➡ 挙手

② 正解が書ける ➡ ワークシート

③ 人に説明できる ➡ 班の話し合い、家庭生活

④ 行動できる ➡ ロールプレイ、予行演習

⑤ 対処できる ➡ 学校・家庭・社会生活

❷－6．評価の時間軸

　「わかる」の5段階では、評価方法も併せて示しました。①から④は、授業中にその場で評価可能なレベル（即時評価）です。ただし、③の家庭生活における評価ですが、こちらは帰宅してから家族に話すことができるかどうかという時間軸としては数日の単位になる評価（数日評価）です。また、④の予行演習ですが、こちらも時間をおいた評価となります。

　では⑤の学校・家庭・社会生活の時間軸について説明します。まず、学校生活や家庭生活です。こちらは、学校や家庭での行動が変わったかどうか、対処できたかどうかを見るわけですので、数か月の期間をまたいだ評価（数か月評価）となります。一方、社会生活をもとにした評価ですが、こちらは卒業してから自立に至る過程での評価となりますので、さらに年月をおいた評価（数年評価）となります。学校における性教育は、この社会生活までの評価を考慮して、すなわち子どもたちの自立した姿を描いた上で展開したいものです。

　さて、本書では「現地評価」という評価軸も扱いました。略案の1番に「現地評価」の観点が出てきます。代表的なものは、実際の校外学習において、自分の性にあったトイレに入ることができたかどうかというもの（指導略案の1）があります。

　単に評価といっても、時間軸で考えるといくつものレベルがあり、授業の成果をどの時間軸で評価するのかは事前に設定しておきたいものです。

❷－7．コマザキ先生のイラスト

　「子どもが変わる！」ためには、まず「子どもがわかる！」必要があります。文字だけの教材だけでは子どもの理解を得るのは難しく、絵図や動画が理解に効果的であることはいうまでもありません。

　本書ではオリジナルのイラストを豊富に用意しました。コマザキ先生に、本書のために、すなわち特別支援学校における性教育のために、新たに多くのイラストを作成していただきました。コマザキ先生のイラストは、すでに養護教諭向けの書籍が出版されていますが、とてもやさしくあたたかいタッチで、だれが見ても違和感なくイメージできるものです。

　本書のワークシートでは、コマザキ先生のオリジナルイラストをふんだんに用いています。これらのイラストはすべて一つ一つ単独で用いることができるように付属のCD-ROMに収録してあります。また、ワークシートに取り入れることができなかったイラストについても追加イラストとして付してあります。

　「第4章 素材編　イラスト集」に収録イラストを一覧にして掲載してあります。読者の皆様には、これらコマザキ先生のイラストを使ってオリジナルの教材を楽しみながら作っていただければと思います。

　なお、イラストの著作権はコマザキ先生に所属しますが、「子どもがわかる！」ために、読者の皆様には実際の取り組み（下に範囲を書いておきます）で自由に使っていただきたいと思います。これは本書の作成にかかわったわたしたちの"開かれた"思いです。もちろん、ワークシートもWord形式で収録されていますので、読者の皆様が自由に改変して授業に役立てていただければと願っています。

※イラストの利用について

　本書のワークシートと付属CD-ROMに収録されているイラストの著作権はコマザキ先生に属します。ただし、学校における授業で用いる場合には、著作権者の許可を得ることなく利用できることとします。学校外での利用や、営利目的での利用、また、ホームページやインターネット上での利用は控えてくださいますようお願いします。

※ワークシートの利用について

　本書のワークシートの著作権は本書編集委員会の髙瀬初美に属します。ただし、学校における授業で用い

る場合には、著作権者の許可を得ることなく利用・改変できることとします。学校外での利用・改変や、営利目的での利用・改変、また、ホームページやインターネット上での利用・改変は控えてくださいますようお願いします。

　少し制限的なことを書きましたが、わたしたちの願うところは皆様の積極的な活用の推進です。「子どもが変わる！」ために、「保護者が変わる！」ために、そして授業をよりよくしていくために、どうぞご活用ください。

第2章 実践編

指導略案＆ワークシート

実践編 1 指導略案

おとこトイレ、おんなトイレ どっちにはいる?

小学部　3年　生活単元学習　学習指導略案

1　題材・単元の構成 (★は本時)

単　元	題　材	授　業
ショッピングモールへ行こう	みんなで行こう！校外学習	ショッピングモールって、どんなとこ？
	道路の歩き方	きまりをまもって、さんぽしよう
	公共トイレの利用	おとこトイレ、おんなトイレ どっちにはいる?★

2　授業の説明

(1) 児童の様子

　小学部3年生は、男子11名、女子2名の計13名の学年で、6名の教師で指導・支援に当たっている。
　言葉でのやりとりができる児童が4名、写真や絵カード、身振り等で意思を伝えることができる児童が7名、直接的な動きで伝えて意思を伝えることができる児童が2名である。学習面では、言葉や文字、数等を理解して学習できる児童から、具体物や場面を見て状況を把握できる児童がおり、様子は様々である。一定の時間であれば集中して話を聞いたり活動に参加したりできる児童や、繰り返し行っている活動であれば、見通しをもって参加できる児童が多い。

(2) 何を理解し、何ができるか～知識及び技能～

　学校近隣にあるショッピングモールへの校外学習で利用するトイレについて、男女によってトイレの場所が違うこと、それを知らせるために男女のトイレにはそれぞれマークがあることを学習する。

(3) 学んだことをどう使えるか～思考力・判断力・表現力等～

　男女別に分かれたトイレのどちらに入ればよいかを理解することから、自分の性を知ることを学習する。男女の様々な違いについての気づきや理解を養い、社会生活で性別に応じたトイレに入る判断力を身につける。

(4) 主体的に学習に取り組むためにどのように学ぶか～学びに向かう力、人間性等～

　全3時間の単元で、本時はそのまとめの時間として、性に関する指導に当てる。
　児童の実態に応じ、見てわかりやすいように、映像や写真カード、絵カード、模擬トイレを用意する。また、ショッピングモールでトイレに行くとき活用できるように、ショッピングモールで実際に表示されているトイレのマークを見て、考え、自分で動いて確かめる内容も取り入れる。

3　目標・評価 (全3時間扱い　1時間：45分)

①男トイレ、女トイレのマークの違いを知る。
②どちらのトイレに入るか、わからないときの対処法を知る。
③トイレのマークを見て、自分の性にあったトイレに入ることができる。
④ショッピングモールで自分の性にあったトイレに入ることができる (現地評価)。

4 本時の指導（3／3時間目）

時間	学習活動	指導・支援について	教材・教具等
導入 5分	①始めの挨拶をする。 ②本時の活動内内容について、教師の話を聞く。	・T1は、言葉とサインを交えて挨拶を行う。 ・今日の学習内容について活動内容表を提示しながら伝える。	活動内容表
展開 1 20分	③前時の振り返りをする。 ・男の子、女の子についての動画を見る。 ・自分の写真カードを、男、女のどちらかのボードに貼る。 ④男女のトイレのマークの違いを知る ・ワークシート「どっちに入るのかな？」を考え、ペープサートで確認する。 ・ワークシート「ちがうところはどこ？」で、男女それぞれのトイレのマークの違いに○をつける。 ・ワークシート「わからないときはどうする」部分でどちらに入るかわからない、困ったときの方法を知る。	・T1は、男の子、女の子に注目できるように、動画とワークシートに合わせて説明をする。 ・A君Bさんのペープサートを示し、「○○さんはどちらか」と尋ねる。 ・男の子のボードか女の子のボードかのどちらかを選んで貼るように言葉をかける。 ・T1は、男女のトイレのマークを提示する。マークによって入る場所が違うことを伝える。	パソコン（動画） ディスプレイ ペープサート（A君、Bさん） ホワイトボード2 顔写真カード（13人分） 男女のトイレのマーク ワークシート 「おとこのこ？おんなのこ？」部分 ワークシート 「ちがうところは、どこですか？」部分
展開 2 15分	⑤ショッピングモールのトイレのマークを見て、自分の性の模擬トイレに入る。	・T3・T5は、ショッピングモールのトイレにあるマークを表示した模擬トイレセットを設置する。 ・T1は、児童に一人ずつ、順番に前に出てきて、ワークシートを見て、男女どちらかの模擬トイレを選んで入るように声をかける。児童の様子を見て、難しい場合は、T2〜T6が一緒に移動する。	模擬トイレ ワークシート 「どちらのトイレにはいる？」部分
振り返り 5分	⑥本時の振り返りを行う。 ⑦終わりの挨拶をする。	・T1は、ワークシートを用いて本時の振り返りの話をする。児童一人一人について、よくできた点を伝え、称賛する。 ・言葉とサインを交えて挨拶を行う。	

※校外学習当日は、児童が自分の性にあったトイレに入ることができるか様子を見守り、必要に応じて支援する。

教師用表紙　WS01　公共トイレの利用

小学部　年　組　　　　　　　　　　　　　　　　　　　　　年　　月　　日

≪生活単元学習≫
ショッピングモールへ行こう

—おとこトイレ、おんなトイレ　どっちにはいる？—

《本時の目標》

1　男トイレ、女トイレのマークの違いを知る

2　どちらのトイレに入るか、分からないときの対処法を知る

3　トイレのマークを見て、自分の性にあったトイレに入る
　　ことができる

4　ショッピングモールで自分の性にあったトイレに入ることが
　　できる

2

児童生徒・保護者配布用表紙　WS01　公共トイレの利用

小学部　年　組　　　　　　　　　　　　　　　　　　　　年　月　日

ショッピングモールへ行(い)こう

―おとこトイレ、おんなトイレ　どっちにはいる？―

《きょうのべんきょう》
1　おとこトイレと　おんなトイレの　マークを　べんきょうしよう
2　トイレのマークを　みて　じぶんにあった　トイレに　はいろう

なまえ _____

実践編 ❶ おとこトイレ、おんなトイレ どっちにはいる?　　ワークシート、イラスト（CD-ROM収録）

3

AくんとBさんは、たのしく
あそんでいます

あれれ・・
トイレに　いきたくなったみたい

4

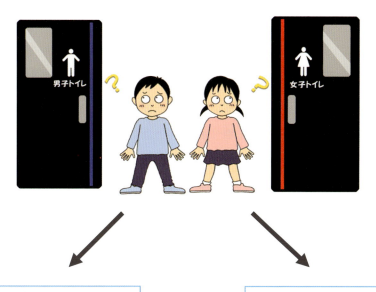

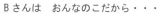

実践編 ❶ おとこトイレ、おんなトイレ どっちにはいる？　　ワークシート、イラスト（CD-ROM 収録）

5

ちがうところは、どこですか？

ちがうところは、どこですか。○をつけましょう。

6

どちらのトイレにはいる？　わからないときには、どうしますか。

ちかくにいるひとに、きいてみよう。
「どちらに はいったら いいですか」

「だれでもトイレ」に、はいっても よい。

実践編❶ おとこトイレ、おんなトイレ どっちにはいる？　　ワークシート、イラスト（CD-ROM収録）

7

どちらに　はいるでしょう。　シールをはりましょう。

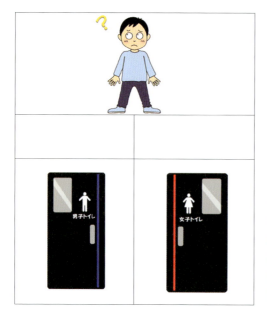
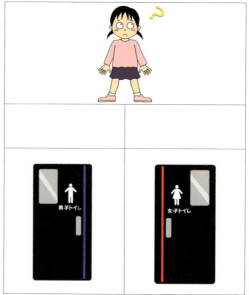

おとこトイレに、はいれました。

おんなトイレに、はいれました。

8

≪授業の様子≫

児童の様子を記入する

保護者の方へ

家のトイレもこのような工夫をしてはいかがですか。
　トイレのドアに、男女マークを表裏にして下げます。
　トイレに入るときに、自分の性のマークにします。
　普段からマークを意識するようにしてください。

本日の授業のワークシートです。
ご覧いただきまして、ご意見ご感想をお聞かせください。
　また、ご家庭で工夫していることなどがありましたら、
どのようなことでもよいので是非お知らせください。

　　月　　日（　　）までに担任にご返却ください。

実践編

2

指導略案

おふろにはいろう

小学部　4年　生活単元学習　学習指導略案

1　題材・単元の構成 （★は本時）

単　元	題　材	授　業
自然の家にとまろう	入浴の方法	おふろにはいろう★

2　授業の説明

(1) 児童の様子

　小学部4年生は、男子10名、女子2名の計12名の学年で、5名の教師で指導・支援に当たっている。

　集中が持続しにくい児童や、手本や言葉かけに注意を向け続けることが難しい児童もいるが、簡潔でわかりやすい言葉かけを行うと、ほぼ全員が理解して行動でき、手本に注意を向けるよう支援することで、正確な動作模倣ができる児童も多い。

　保護者への聞き取りでは、全員が保護者と共に風呂に入っており、自分で体を洗っている児童もいるものの、ほとんどが保護者が体を洗っているとのことであった。

(2) 何を理解し、何ができるか〜知識及び技能〜

　本学年は、初めて宿泊を伴う校外学習を経験する学年であり、本単元は、学校近隣の公共宿泊施設での初めての校外宿泊学習に向けた取り組みである。宿泊単元の一環として、風呂に入るための学習にも、初めて取り組む。初めての宿泊学習、入浴に向けて、風呂に入るときに一人でできることを増やす。また、風呂にあるのれんの色の違い等で男女の入る場所が違うことを理解する。

(3) 学んだことをどう使えるか〜思考力・判断力・表現力等〜

　修学旅行に向けて、今年度の取り組みに加えて、5年生、6年生へと学習を積み重ねていけるように、入浴の約束や手順を他学年と共通理解をして取り組み、繰り返し学習し、自ら意識して入浴できる力を身につける。

(4) 主体的に学習に取り組むためにどのように学ぶか〜学びに向かう力、人間性等〜

　本単元では、入浴に係る授業は本時1時間とし、全員で伸び伸びと活動できるように、広い教室で取り組む。入浴の取り組みは初めてなので、風呂に入るときに必要な指導内容を精選して、基本事項を丁寧に指導・支援しながら、学習に取り組めるようにする。

　児童が入浴時の約束や体の洗い方等を理解しやすいように、児童の理解度等に合わせて絵や図鑑などの視覚的な教材を用意し、興味をもって意欲的に取り組めるように、「風呂場セット」やのれんを設定した実際的な活動や、桶、タオルやスポンジなどの入浴に関係した具体物も活用する。

3　目標・評価 （全1時間扱い　1時間：45分）

①お風呂に入るときの約束を知る。

②体を洗う順番を知る。

③男女別のお風呂に入ることができる。

④自然の家でお風呂に入るときの約束を守ることができる。（現地評価）

4　本時の指導（1／1時間目）

時間	学習活動	指導・支援について	教材・教具等
導入 7分	①挨拶をする。 ②「自然の家に泊まろう」の歌を歌う。 ③日程表に写真カードを貼りながら、日時・場所・活動内容を確認する。	・T1は、サインと言葉で挨拶を行う。 ・前に出て歌いたい人は、挙手をして、T1が指名すると、前に出て歌えることを説明する。 ・写真カードを貼る場所がわかりやすいように、カードと台紙には同じ文字や色枠を付けておく。 ・今日の授業内容の印象を強くもてるように、風呂の写真カードを貼る前に、全員にしっかりと示す。	パイプ椅子 歌詞カード 日程表 写真カード カレンダー
展開 1 10分	④風呂に入るときの約束を知る。 ・「子どものマナー図鑑」を見る。 ・風呂入るときの約束のスライドを見た後、T1の手本を見る。	・T1は、授業後に振り返って確認できるように、子どものマナー図鑑を全員に示す。 ・雰囲気が盛り上がるように、「風呂場セット」を用意して、T1が実際に入って大きな動きで手本を示す。 ・手順を覚えやすいように、風呂に入る前にお湯をかけることを、最初と最後に確認する。	「子どものマナー図鑑」(偕成社) パソコン（スライド）本書のイラスト利用 ディスプレイ 風呂場セット （風呂椅子、桶、タオル）
展開 2 20分	⑤ワークシートとT1の手本を見ながら、身体をこすり、部位ごとに一つ一つの洗い方を練習する。 ・①くび〜⑮おしまいまで通して洗い方を練習する。	・T1は、ワークシートに沿って、ゆっくりと確認しながら手本を示す。 ・まず身体の部位ごとに一つ一つ洗い方を練習し、次に通しで全身を洗う練習をする。 ・T2〜T5は、一人で洗うことが難しい児童の支援を行う。	ワークシート 「からだあらいてじゅんひょう」部分
展開 3 5分	⑥クラスごとに、男子、女子に別れて、「風呂場セット」に入る。 ・のれんを見て、色の違いに気づき男女に分かれて入る。	・T1〜T5は、男女それぞれが入る風呂ののれんの色が違うことに気がつけるように、児童の様子に応じて、「男湯」「女湯」ののれんに注目し、ワークシートで確認するよう支援する。	「男湯」「女湯」のれん ワークシート 「おとこゆ、おんなゆ　どちらにはいるでしょう」部分
振り返り 3分	⑦本時の振り返りを行う。 ・ワークシートで自分の入る方ののれんに○をつける。 ⑧終わりの挨拶をする。	・T1は、児童一人一人について、よくできた点を伝え、称賛する。 ・T1は、サインと言葉で挨拶を行う。	

※校外宿泊学習当日は、お風呂に入るときの約束を守ることができるか様子を見守り、必要に応じて支援する。

教師用表紙　WS02　入浴の方法

小学部　年　組　　　　　　　　　　　　　　　　年　　月　　日

≪生活単元学習≫

自然の家にとまろう
—おふろにはいろう—

《本時の目標》

1　お風呂に入るときの約束を知る

2　体を洗う順番を知る

3　男女別のお風呂に入ることができる

4　自然の家でお風呂に入るときの約束を守ることができる
　　（現地評価）

児童生徒・保護者配布用表紙　WS02　入浴の方法

小学部　年組　　　　　　　　　　　　　　　　年　月　日

自然(しぜん)の家(いえ)にとまろう
― おふろにはいろう ―

《きょうのべんきょう》
1　おふろに はいるときの やくそくを べんきょうしよう

2　からだを あらう じゅんばんを べんきょうしよう

3　おとこゆ おんなゆ どちらに はいるか べんきょうしよう

なまえ＿＿＿＿＿＿＿＿＿＿＿＿＿＿＿＿＿

実践編 ❷ おふろにはいろう　ワークシート、イラスト（CD-ROM 収録）

3

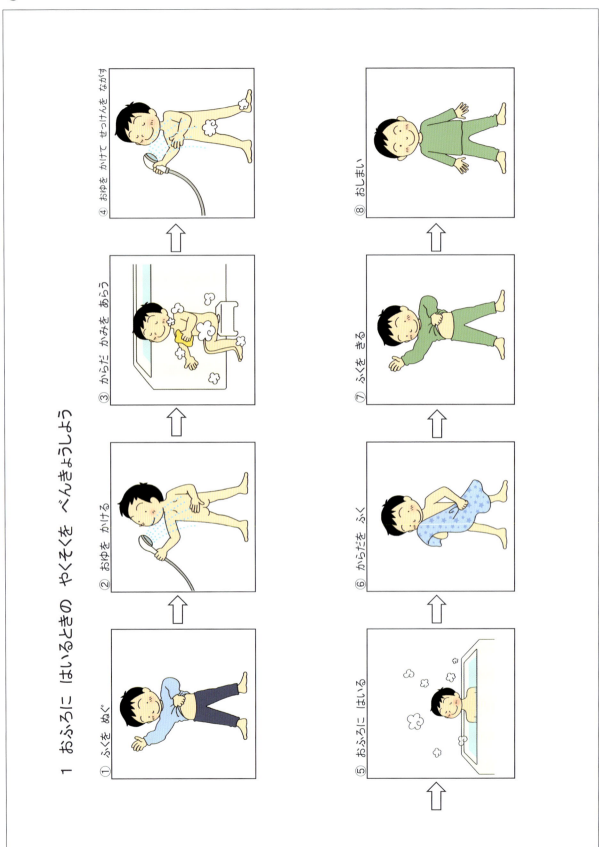

1 おふろに はいるときの やくそくを べんきょうしよう

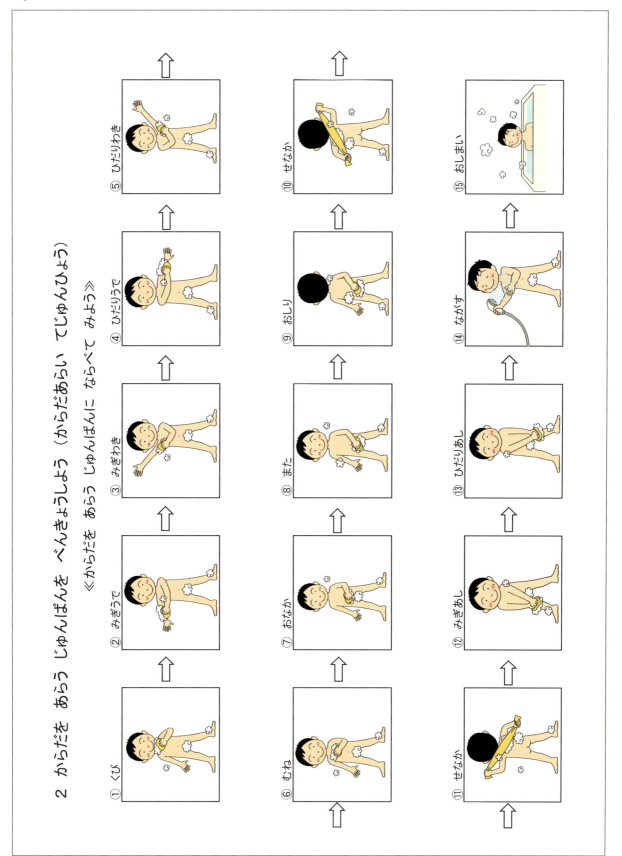

3　おとこゆ、おんなゆ　どちらに　はいるでしょう

じぶんが　はいるほうを　〇でかこみましょう。

 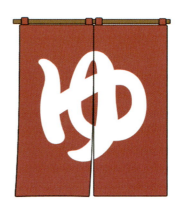

≪授業の様子≫

児童の様子を記入する

6

<u>保護者の方へ</u>
ご家庭では、お風呂は、どのように入っていますか。
お風呂は、毎日練習することができます。ワークシートのイラストをラミネートしてお風呂場に貼り、ぜひ練習してください。完璧を目指さないのが、長続きのポイントです。わからないことなどがありましたら、お知らせください。

本日の授業のワークシートです。
ご覧いただきまして、ご意見ご感想をお聞かせください。
また、ご家庭で工夫していることなどがありましたら、どのようなことでもよいので是非お知らせください。

　　月　　日（　）までに担任にご返却ください。

実践編 3 指導略案

みずぎにきがえよう

小学部　6年　生活単元学習　学習指導略案

1　題材・単元の構成 (★は本時)

単　元	題　材	授　業
プール事前指導	プールでの着替え	みずぎにきがえよう★

2　授業の説明

(1) 児童の様子

　小学部6年生は、男子15名、女子3名の計18名の学年で、自閉症・自閉的傾向のある児童が11名、重複障害のある児童が6名、内3名が車いすを使用しており、9名の教師で指導・支援に当たっている。

　簡単な漢字を含む文字の読み書きができ、10以上の数が理解できる児童や、具体物と写真カードのマッチングが課題の児童がいる。着替えについては、ほぼ自立している児童、教師の言葉かけやスケジュールカードなどの支援があれば一人で取り組むことのできる児童、教師が手を添える等して個別的に支援している児童がいるなど、一人一人のできることには多様な実態がある。

(2) 何を理解し、何ができるか〜知識及び技能〜

　もうすぐプールが始まるこの時期、プールでの学習を多くの児童が心待ちにしている。本単元では、一般にプールでは男女別に更衣室が分かれていることから、男女別に分かれた更衣室の利用、公共の場での着替えの方法を理解するとともに、安心してプール学習に取り組むことができるように、安全や衛生面についても学習する。

(3) 学んだことをどう使えるか〜思考力・判断力・表現力等〜

　本学年は、修学旅行で大きなプールがあるリゾートホテルに行くことになっており、そこでより楽しくプールを利用できるように、公共の場での水着の着替え方、プールでの約束を守る力をつける。あわせて、修学旅行後の市民プール等の学校以外のプール利用など、余暇活動の充実にもつなげる。

(4) 主体的に学習に取り組むためにどのように学ぶか〜学びに向かう力、人間性等〜

　全2時間の単元で、本時はその2時間目で、プールに入る直前となる。

　児童が理解しやすいように、絵や写真を使用するともに、児童が興味を持ちやすく、実際の着替え方法等が理解しやすいように、人形や具体物（実際のラップタオルや水着）を活用する。さらに男女に分かれてラップタオルを使って、水着に着替える活動を行い、期待感を高める。

3　目標・評価 (全2時間扱い　1時間：45分)

①プールでは、男女別の着替える場所があることを知る。

②水着に着替えるときは、「かくすところ」があることを知る。

③ラップタオルを使って、水着に着替えることができる。

④プールの更衣室で、ラップタオルを巻いて水着に着替えることができる。（現地評価）

4 本時の指導（2／2時間目）

時間	学習活動	指導・支援について	教材・教具等
導入 5分	①始めの挨拶をする。 ②本時の活動内容を知る。 ・プールの学習が始まることを知る。 ・水着を着替える場所や着替え方を知る。	・T1は、言葉とサインで挨拶を行う。 ・全員に見えるようにプールの写真を提示する。	プールの写真
展開 1 20分	③男女の着替えの場所があることを知る。 ・「プールに入ろう」の絵やワークシートを見て、人前で着替えてはいけないことを知る。 ・男子は男子更衣室、女子は女子更衣室で着替えることを知る。 ・自分の写真を男子更衣室か女子更衣室かどちらかに貼る。	・T1は、絵やワークシートを見て考えられるように、言葉をかけたり、サイン等も交えてわかりやすく説明したりする。 ・具体的に更衣する場所が理解できるように、写真カードを提示する。 ・T1～T9は、一人一人が性別に応じたグループに自分の写真を貼れるように、様子を見て支援する。	ホワイトボード プールの絵 男子と女子の身体の成長の絵 更衣室等の写真 児童の顔写真 ワークシート 「きがえるばしょはどこでしょう」部分
展開 2 15分	④水着の着替え方を知る。 ・ワークシートで正しい着替えの方法を選び、シールを貼る。 ・ラップタオルを使った着替えの仕方を見る。 ・男女に分かれてラップタオルを巻いて、水着を着る。	・T1は、児童が興味をもてるように、段ボール人形に本物の水着を着せるようにし、手順をまちがえそうになったら、ワークシートを用いて着替え方を確認する。	男子と女子の着せ替え段ボール人形 ラップタオル ワークシート 「みずぎのきがえかた」部分
振り返り 3分	⑤本時の振り返りを行う。 ⑥終わりの挨拶をする。	・T1は、本時の振り返りの話をする。児童一人一人について、よくできた点を伝え、称賛する。 ・T1は、希望者を募り、様子を見て挨拶する児童を指名する。	

※修学旅行当日は、プールの更衣室で、ラップタオルを巻いて水着に着替えることができるか、様子を見守り、必要に応じて支援する。

実践編 ❸ みずぎにきがえよう　　ワークシート、イラスト（CD-ROM 収録）

1

教師用表紙　WS03　プールでの着がえ

小学部　年　組　　　　　　　　　　　　　　　　　　　　　年　　　月　　　日

≪生活単元学習≫
プール事前指導
—みずぎにきがえよう—

《本時の目標》

1　プールでは、男女別の着替える場所があることを知る

2　水着に着替えるときは、「かくすところ」があることを知る

3　ラップタオルを使って、水着に着替えることができる

4　プールの更衣室で、ラップタオルを使って水着に着替える
　　ことができる（現地評価）

2

児童生徒・保護者配布用表紙　WS03　プールでの着がえ

小学部　年　組　　　　　　　　　　　　　　　　　　年　月　日

プール事前指導
（じぜんしどう）

—みずぎにきがえよう—

《きょうのべんきょう》
1　おとことおんなでは　きがえる　ばしょが　ちがうことを
　　べんきょうしよう

2　みずぎに　きがえて　みよう

なまえ _____

実践編 ❸ みずぎにきがえよう　　ワークシート、イラスト（CD-ROM 収録）

3

1　きがえるばしょは、どこでしょう

　　　　プールに　はいろう

プールサイドやひとまえで　きがえるのは　はずかしい

4

きがえるばしょは、どこでしょう

自校のプールの更衣室の写真を入れる

自校のプールの更衣室の写真を入れる

実践編 ❸ みずぎにきがえよう　ワークシート、イラスト（CD-ROM 収録）

5

2　みずぎの きがえかた

ただしい ほうに、シールを はりましょう。

①

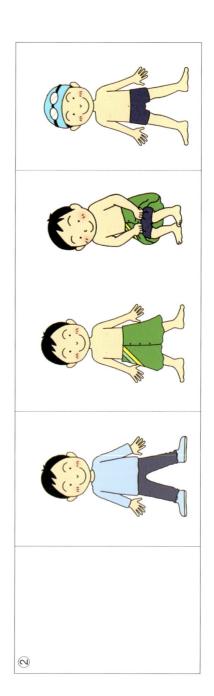

②

6

ただしいほうに、シールをはりましょう。

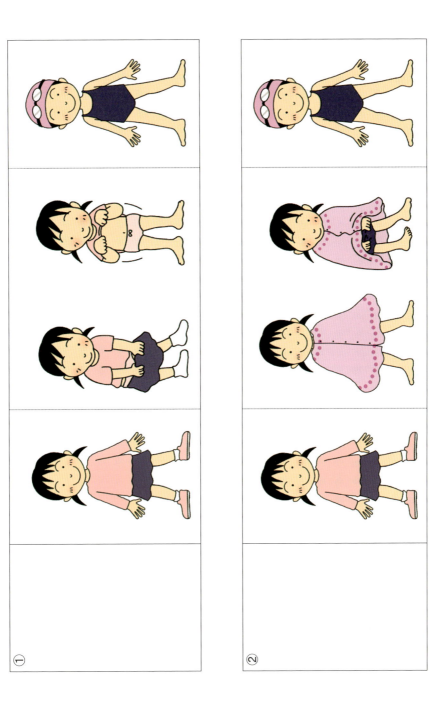

実践編 ❸ **みずぎにきがえよう**　　ワークシート、イラスト（CD-ROM 収録）

7

≪授業の様子≫

児童の様子を記入する

保護者の方へ
ラップタオルを使っての水着の着替えを、ご家庭でも練習してください。
プールへ出かける際などには、実践してみてください。

本日の授業のワークシートです。
ご覧いただきまして、ご意見ご感想をお聞かせください。
また、ご家庭で工夫していることなどがありましたら、どのようなことでもよいので是非お知らせください。

_____

_____

_____

_____

　月　日（　）までに担任にご返却ください。

48

コラム

「二次性徴」

　「二次性徴」が正しく、「第二次性徴」は誤りであるということをお話しします。

　いまだに「第二次性徴」という表現が用いられているのを目にします。中には第二次"成長"という論外の表現も散見されたのですが、さすがにそれは目にしなくなりました。

　たかが「二次」と「第二次」の違いではないか、何を細かいことを取り上げているのか…こう考えるのも無理はないことです。わたしたちは、この2つの表現についてそれほど厳密に使い分けてはいないからです。しかし、こと学問の世界になると事情は違ってきます。「第二次」は明確に誤りなのです。

　それはなぜか。元の英語が違うのです。「二次」はsecondary、「第二次」はsecondなのです。これまた似たような英語ではないか、と思われることでしょう。しかし、この2つ、考え方が大きく異なる表現なのです。

　Secondaryは、primary - secondary - tertiaryと並ぶ単語の2つ目です。一方、secondは、first – second – thirdと並ぶ単語の2つ目となります。このfirst – second – thirdは、例えば野球のベース（塁）に使われていますね。そしてその野球では、順番にファーストからセカンド、そしてサードと塁を踏んでいかねばなりません。順番と書きましたが、これは時間的な順番となります。

　一方、primary - secondary – tertiaryは順番といえば順番なのですが、時間的な順番ではないのです。重要度・基盤度の順番、卑近度の順番、あるいは確率の順番なのです。こんな表現を聞いたことはないでしょうか。「二次予防」「二次医療圏」…これらはsecondaryなのです。「二次予防」があるならば、「一次予防」もあり「三次予防」もありますが、この順番は時間的な順番ではなく、重要度・基盤度の順番なのです。「二次医療圏」があるならば、「一次医療圏」もあり「三次医療圏」もありますが、この順番は卑近度・基盤度の順番なのです。決して、時間的に順を追う予防とか、医療とかではありません。

　「第二次」性徴という誤った表現は、この「性徴」が時間的に2番目にくるものだという誤解に基づいています。「性徴」は「成長」ではありません。時間的な概念ではないのです。「性徴」とは「オスとメスの区別」なのです。

　「オスとメスの区別」がほぼ100%近くわかる特徴（重要度としても最も高い特徴）を一次性徴というのです。だいたい性別がわかる特徴を二次性徴というのです。そしてたぶん当たるだろうというレベルの特徴を三次性徴（たとえば、スカートを履いているとか、髪の毛が長いとか）というのです。

　思春期にはこの「だいたい性別がわかる特徴」が見られます。もちろん思春期の子供たちには、一次性徴も存在するし、三次性徴も存在するのです。思春期だから時間的に二番目（出生後が一番目）だから「第二次」性徴だという考え方とはそろそろお別れする時期にきています。

49

実践編 4 指導略案
ひとりでおふろにはいろう

小学部　6年　生活単元学習　学習指導略案

1　題材・単元の構成（★は本時）

単　　元	題　　材	授　　業
お風呂の約束	入浴の約束	ひとりでおふろにはいろう★

2　授業の説明

(1) 児童の様子

　小学部6年生は、男子6名、女子4名の計10名の学年で、4名の教師で指導・支援に当たっている。

　6名の児童は自分から大人や友達に話しかけることができ、友達同士で関わって遊ぶ姿も日常的に見られる。他の4名の児童も、友達からの誘いを受けて一緒に手を繋いだり、同じ場に一緒にいて遊んだりすることができる。文字や数を理解し、言葉の指示を聞いて行動できる児童が6名、言葉の他に絵や写真カードで状況を理解できる児童が3名、教師の支援により状況が判断できる児童が1名いる。

　昨年度の単元「おともだちとのあいだ」における性に関する指導で、人と人との距離について学習した。学習する前は、男子と女子が近づきすぎたり顔や体に触ったりする場面があったが、学習後は、友達に「あいだを開けるんだよ」「人には触らないよ」等の言葉をかける様子も見られるようになり、人との距離について気をつけようとする児童も出てきた。

(2) 何を理解し、何ができるか～知識及び技能～

　本単元では、子ども達が、男女の体の発育の違いを知り、「かくすところ」についての理解を身につける。

(3) 学んだことをどう使えるか～思考力・判断力・表現力等～

　保護者との面談やアンケートの中では、困っていることとして「自分が男の子か女の子かわかっていない」「入浴時に脱衣所以外の場所で服を脱ごうとする」等の意見があった。今回の学習を通して、自分の性別を意識できるようにし、男女のマークを見分けて自分の入る場所を知るとともに、入浴時に気をつけなければならない約束について学習する。さらにこれから一人でお風呂に入る機会に向けてつなげていく。

(4) 主体的に学習に取り組むためにどのように学ぶか～学びに向かう力、人間性等～

　本単元は、1時間の取り組みとなる。児童が楽しく学習できるように、教師が扮する「お風呂マン」を登場させたり、クイズ形式を取り入れたりしながら学習を展開する。

　学習の成果を家庭での生活にも生かすとともに、今後、家庭でも性に関する指導について考えるきっかけとなるように、保護者参観可とし、学習の様子を見てもらう。

3　目標・評価（全1時間扱い　1時間：45分）

①体の「かくすところ」を知る。
②お風呂での約束を知る。
③家庭での入浴ができる。（家庭からの評価）

4 本時の指導 (1／1時間目)

時間	学習活動	指導・支援について	教材・教具等
導入 2分	①始めの挨拶をする。 ②今日の学習についての話を聞く。	・T1は、サインと言葉で挨拶を行う。	
展開 1 15分	③体の発育、男女の違いを知る。 ・赤ちゃんから、大人に成長していくまでの絵を見比べ、体のどこが違ってくるかを見つける。 ④かくすところについて知る。 ⑤自分が男の子か女の子か確認をする。 ・男の子か女の子か判断して自分の写真カードを貼る。	・T1は、体が大きくなる、体毛が生える、女性は胸がふくらむといった成長の様子に気づくことができるように、ワークシート等を用いて説明等を行う。 ・胸のふくらみ、体毛に着目するように伝える。 ・裸の絵に水着を着せ、水着で隠れるところは自分だけの大切なところであることを話す。 ・「かくすところ」は「人前で見せない」と言葉を代えて伝える。 ・T1・T4は、手元で見る写真カードを用意しておき、黒板を見て貼ることが難しい児童には、様子を見て、カードを手渡す等して支援する。	体の成長図 水着のマグネット ワークシート 「からだのせいちょう」部分 ワークシート 「かくすところ」部分 写真カード
展開 3 20分	⑥お風呂の約束をワークシートで確認する。 ・お風呂に入るとき、男女どちらに入るかを確認する。 ・お風呂マンに正しい方を教える。 ・のれんを見て、自分が男の子か女の子かを判断して正しいと思う方に入る。 ⑦お風呂クイズ「どっちでしょう」を行う。 ・クイズの答えで正しいと思う方に移動する。 ・問題と答え ・お風呂に入る前にするのは? 　○：トイレに行く　×：ごはんを食べる ・服を脱ぐのはどこ? 　○：お風呂場の前　×：テレビの前 ・お風呂場に入って最初にすることは? 　○：体を流す　×：湯船に入る ・お風呂から上がったとき、体を拭く場所は? 　○：お風呂場の前　×：テレビの前 ・お風呂には誰と入る? 　○：男の子と女の子は別々に入る 　×：一緒に入る	・T2・T3は、男女に分かれた「お風呂マン」の衣装を着て登場する。 ・お風呂マンが間違ったお風呂に入ろうとする振りをして、T1・T4は、児童がお風呂マンを正しいお風呂に誘導するできるように、言葉をかけたり、様子を見て支援したりする。 ・T1・T4は、手元で見る男女別のカードやワークシートを用意しておき、のれんでお風呂の男女別を判断することが難しい児童がいたら、様子を見て、カードを手渡す・ワークシートを示す等して支援する。 ・児童が楽しく参加できるように、お風呂マンもクイズに参加する。 ・T1・T4は、様子を見て、一人で移動することが難しい児童に手元で見るカードを手渡す・ワークシートを示す等して支援する。 ・T1は、お風呂の中では排泄しないことを確認する。 ・「かくすところ」は人から見えないように隠すことを伝え、服を脱ぐ場所を確認する。 ・湯船が汚れないように体をしっかり流してから湯船に入ることを確認する。 ・「かくすところ」があるので、人から見えない場所で体を拭くことを確認する。 ・家庭のお風呂でも男子は男同士、女子は女同士で入る、または一人で入ることが望ましいことを確認する。	お風呂マン男女 男湯、女湯ののれん 手元カード ワークシート 「おとこ・おんなどっちにはいる?」部分 ディスプレイ パソコン(スライド) 答えカード セラピーマット 手元カード (4人分) ワークシート 「おふろクイズ」部分
振り返り 7分	⑧お風呂クイズのまとめをする。 ⑨終わりの挨拶をする。	・T1は、おふろクイズに○や×のマグネットを貼り、ワークシートも用いて正しい方法を確認する。 ・サインと言葉で挨拶を行う。	ワークシート 「おふろクイズ」部分 ○×マグネット

※授業終了後、家庭での入浴について、ワークシートや連絡帳を用いて、保護者から伝えてもらう。

1

教師用表紙　WS04　入浴の約束

小学部　年　組　　　　　　　　　　　　　年　月　日

≪生活単元学習≫

お風呂の約束

—ひとりでおふろにはいろう—

≪本時の目標≫

1　体の「かくすところ」を知る

2　お風呂での約束を知る

3　家庭での入浴ができる（家庭からの評価）

2

児童生徒・保護者配布用表紙　WS04　入浴の約束

小学部　年　組　　　　　　　　　　　　　　　　　　　年　月　日

お風呂（ふろ）の約束（やくそく）
—ひとりでおふろにはいろう—

《きょうのべんきょう》

1　「かくすところ」について　べんきょうしよう

2　おふろでの　やくそくを　べんきょうしよう
　　（おふろクイズに　ちょうせん！）

なまえ _____

1　からだのせいちょう・おとことおんなの　ちがい

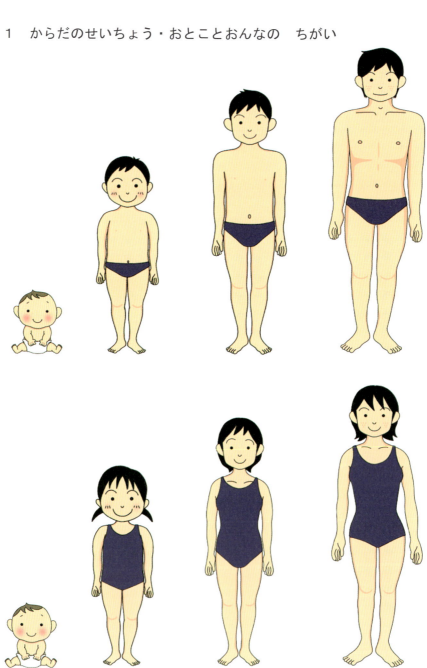

2 「かくすところ」

みずぎやしたぎで かくれるぶぶんは、
ひとが いるところでは
「かくすところ」です。

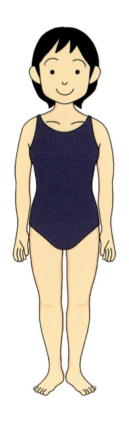
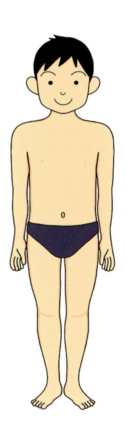

3　おふろでのやくそく

おとこ・おんな どっちに はいる？

＊「のれん」のイラストは、はじめは空欄で、授業の中ではりつけます。

おとこ	おんな
	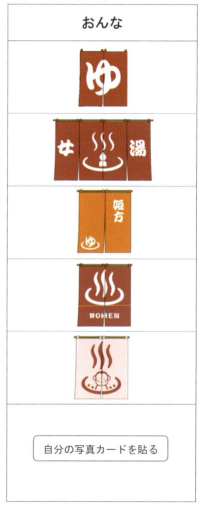
自分の写真カードを貼る	自分の写真カードを貼る

4　おふろクイズ

おふろクイズ　どっちでしょう？

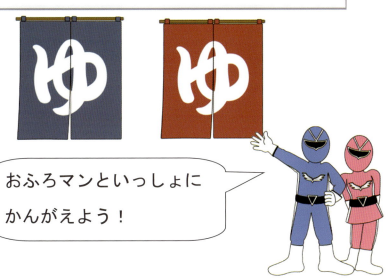

おふろマンといっしょに
かんがえよう！

＊シールを　はりましょう

1　おふろに　はいる　まえに　することは　どちらですか

トイレに　いく	ごはんをたべる

7

2　ようふくを　ぬぐのは　どこですか

| おふろばの　まえ | テレビの　まえ |

3　おふろばに　はいって　さいしょに　することは　なんですか

| からだを　ながす | ゆぶねに　はいる |

8

4 おふろから あがって からだをふくのは どこですか

おふろばの まえ	テレビの まえ

5 おふろには だれと はいりますか

おとことおんなは、べつべつに はいる	おとことおんなは、いっしょに はいる

実践編 ❹ ひとりでおふろにはいろう　　ワークシート、イラスト（CD-ROM 収録）

9

≪授業の様子≫

児童の様子を記入する

保護者の方へ

ご家庭で、お風呂はどのように入っていますか？
　一人で入浴できるように自立に向けて毎日練習してください。お困りのことやわからないことなどありましたら、連絡帳などでお知らせください。
　学校で学んだように、一人でおふろに入れるようになったら、お知らせください。

お風呂マン

本日の授業のワークシートです。
ご覧いただきまして、ご意見ご感想をお聞かせください。
また、ご家庭で工夫していることなどがありましたら、どのようなことでもよいので是非お知らせください。

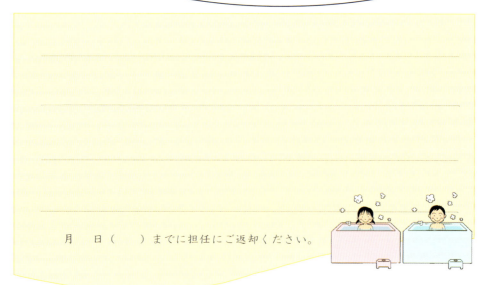

　　　月　　日（　）までに担任にご返却ください。

コラム

「子育てと子離れ」

　子育てのアドバイス、なかでも「うまくいった」子育てのアドバイスほど役に立たないものはありませんよね。子どもは一人一人全く違う存在であるし、その行く末は大人にはわからない（先に逝くので）ものだからです。

　そんな子育てですが、一つ確実に言えることがあります。それは、「子育ては、自らを不要とする存在をつくる」営みであるということです。自立という言葉でも通じるとは思いますが、ここはあえて、子育てする側が不要になるために一所懸命取り組むのが子育てだと書いておきたいと思います。

　「子離れ」ができていない親の存在が指摘されて久しいところです。この「子離れ」というイメージは、「乳離れ」（古くて恐縮です！）と同じイメージがあります。ある時点で、離れていくというイメージです。「乳離れ」ならば1歳とか、「子離れ」ならば中学卒業時とか、です。

　実は子育てはあるとき「止める」営みではなく、毎日少しずつ自らも気づかないうちに親が子どもから離れていく、子どもが親から離れていくという営みなのです。子育ては毎日が"別れ"の練習なのです。人間の営みの中でもっとも切ないもの、それが子育てともいえるでしょう。だからこそ、毎日の子育てが輝いてくるのだと思います。

　これは教育もまったく同じだとわたしは考えています。

「カタカナ言葉にご用心！」

　本書では、できるだけカタカナを使用しない方針を立てています。

　カタカナは外来語です。わが国に馴染みやすい意味をもつ外来語は、漢字やひらがなで表されます。例えば、pain は「ペイン」とカタカナ表記されることは少なく（ペイン・クリニックとかはありますが）、通常は「痛み」として表記されます。わが国にもともと存在する意味・考え方だからです。

　一方、わが国にまったく存在しない意味・考え方をもつ外来語は、そのまま原語表記されています。たとえば be 動詞です。be という考え方がわが国にはもともと無いからです。訳しようがないといってもよいレベルの外来語（存在動詞として訳すこともありますが、意味がわかりません）です。

　やっかいなのは、その中間の外来語です。なんとなくわが国あるようで、無いような意味・考え方の言葉です。そのレベルの外来語をカタカナで示すことがよくあるのです。カタカナ言葉の何が不都合かといいますと、そのカタカナを用いる者がなんとなくその意味をわかった気になっていることであり、用いる者のあいだで実際には意味のすり合わせが行われていないことが多いからです。

　わかった気になって使っているカタカナの意味が、用いる人によって異なっている可能性が高い。それが「カタカナ言葉にご用心！」の意味です。本書のコラムでは、この考え方に基づいて、「プライベート・ゾーン」「ルールとマナー」を取り上げています。

実践編 5 指導略案
おともだちとの「あいだ」

小学部　5年　生活単元学習　学習指導略案

1　題材・単元の構成（★は本時）

単元	題材	授業
「あいだ」のとり方	人との距離	あいさつのしかた、ベンチのすわりかた
		水道前や移動のときのならびかた
		おともだちのさそいかた
		おともだちとの「あいだ」★
	距離を越えた人への対応	おともだちとの「あいだ」
		「おすし」で自分を守ろう

2　授業の説明

(1) 児童の様子

　小学部5年生は、男子6名、女子4名の計10名の学年で、4名の教師で指導・支援に当たっている。

　6名の児童は自分から大人や友達に話しかけることができ、友達同士で関わって遊ぶ姿も日常的に見られる。他の4名の児童も、友達と同じ場で一緒に遊んだり、友達の誘いを受けて手を繋いだりすることができる。文字や数を理解し、言葉の指示を聞いて行動できる児童が6名、簡潔な言葉かけに、絵や写真カードを添えることで状況を理解できる児童が4名となっている。

(2) 何を理解し、何ができるか〜知識及び技能〜

　本学年の児童の何人かは、相手との「あいだ」をとることが苦手で、挨拶のときに友達の顔を触る、友達を誘うときに強く手を引っ張るなどして相手を驚かせたり、遊びの中でも友達同士で顔を近づけ過ぎる、教師や友達に抱きついたりすることがあり、日常生活の中で、望ましい相手の誘い方・関わり方について指導を行ってきた。

　本授業では、いろいろな日常生活での場面を想定し、誘い方・関わり方の良い例、まちがった例を、具体例を見比べながら考えることで、「望ましい友達との『あいだ』」を理解する力を養う。

(3) 学んだことをどう使えるか〜思考力・判断力・表現力等〜

　場面によって、とるべき「あいだ」の距離等は異なってくる場合もあるが、「『あいだ』をあける」をキーワードにして、その距離を感じ取れるように、練習に取り組む。

　本単元で友達との距離のとり方について学習することで、日常生活の中でも、よりよい友達との関わりができる力や、人との「あいだ」を考える力につなげ、中学部の「『おすし』で自分を守ろう」へつなげる。

(4) 主体的に学習に取り組むためにどのように学ぶか〜学びに向かう力、人間性等〜

　全4時間の計画で、1時間目は挨拶の仕方やベンチでの座り方、2時間目は水道前や移動時の並び方、3時間目は友達の誘い方や絵本を見せてもらうときの依頼の仕方などについて、それぞれ具体的な場面を想定した学習を展開する。本時は4時間目にあたり「おともだちとの『あいだ』」についてワークシートを使ってまとめと振り返りを行う。

　児童が具体的なイメージをもちやすいように、DVDや写真カードなどの視覚教材を活用するとともに、家

庭でも「おともだちの『あいだ』」について考えるきっかけとなるように、学年だより等で学校での学習の予定や様子等を家庭に知らせていく。

3 目標・評価 （全4時間扱い　1時間：45分）

①友達との「あいだ」を知る。
②友達との「あいだ」をとることができる。

4 本時の指導 （4／4時間目）

時間	学習活動	指導・支援について	教材・教具等
導入 2分	①始めの挨拶をする。 ②本時の活動内容、友達との「あいだ」について勉強することを知る。	・T1は、サインと言葉で挨拶を行う。	
展開 15分	③ワークシートの絵を見て望ましい行動を考える。 ・場面ごとに絵を見比べて良いと思う方を答える。 （1）「おはよう」と挨拶する （2）ベンチに座る （3）水道に並ぶ （4）移動のときの並び方 （5）一緒に遊ぼうと誘う （6）友達が見ている本を見たい ・ホワイトボードにある正しいと思う絵に○カードを貼る。	・T1は、どちらの行動が望ましいか考えるように言葉をかける。 ・（1）～（6）の一場面ごとに静止してどちらの行動が望ましいか確認する。 ・T1はワークシートの絵にならい実際に動いて見せながら○や×を貼れるように支援する。 ・×は人と人がくっついていること、○は「あいだ」が空いていることを絵を使って強調して伝える。	ワークシートの絵（拡大） ※自作の動画や映像を作成してもよい。 ○×カード
展開 2 20分	④「あいだ」をとってベンチに座るロールプレイを行う。 ・2人の人が座っているベンチの間に座る。 ⑤「あいだ」をとって人に声をかけるロールプレイを行う。 ・先生の見ている本を「一緒に見せて」と声をかける。	・相手が「あいだ」を越えてきたときに「やめて」と言うことが大切であることを知る。 ・生徒がくっついたり、黙って顔を触ったり、急に近づいて本を取ったりしたときはTは「やめて」と言い、正しい声のかけ方を説明する。	ワークシート「ベンチのすわり方」部分 ワークシート「えほん」部分 机 絵本
振り返り 8分	⑥友達との「あいだ」について振り返る。 ・ワークシートにシールを貼って確認する。 ⑦終わりの挨拶をする。	・T1は、「あいだ」を空けて並んだり、誘ったり、声をかけたりすることが望ましいことを伝え、T2～T4は全員がシールを貼れるように支援する。 ・T1は、サインと言葉で挨拶を行う。	ワークシート「あいさつ」～「えほん」部分 シール

実践編 ❺ おともだちとのあいだ ワークシート、イラスト（CD-ROM 収録）

1

> 教師用表紙　WS05　人との距離感

小学部　年　組　　　　　　　　　　　　　　　　　　　　年　　月　　日

≪生活単元学習≫

「あいだ」のとり方
—おともだちとの「あいだ」—

《本時の目標》

1　友達との「あいだ」を知る

2　友達との「あいだ」をとることができる

2

児童生徒・保護者配布用表紙　WS05　人との距離感

小学部　年　組　　　　　　　　　　　　　　　　　　　　年　月　日

「あいだ」のとり方(かた)
―おともだちとの「あいだ」―

《きょうのべんきょう》
1　あいさつの　しかた
2　ベンチの　すわりかた
3　すいどうまえの　ならびかた
4　いどうするときの　ならびかた
5　ともだちの　さそいかた
6　えほんを　みせてもらうときの　こえのかけかた

なまえ＿＿＿＿＿＿＿＿＿＿＿＿＿＿＿＿

よいほうに 〇をつけましょう

1　あいさつのしかた「おはよう」

2　ベンチの　すわりかた

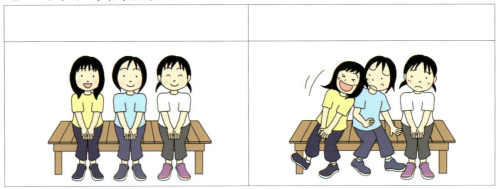

3　すいどうまえの　ならびかた

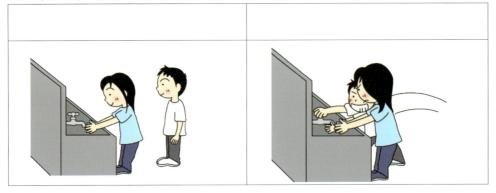

4

4 いどうするときの ならびかた

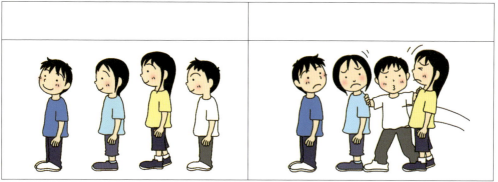

5 ともだちのさそいかた「いこう」

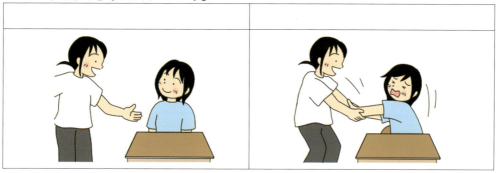

6 えほんを みせてもらうときの こえのかけかた「みせて」

実践編 ⑤ おともだちとのあいだ　　ワークシート、イラスト（CD-ROM 収録）

5

≪授業の様子≫

児童の様子を記入する

保護者の方へ
　今日は、「あいだ」のとりかたを学びました。外出する際は、「あいだ」のとりかたを確認してから出かけるようにしてください。「約束」を守って外出先でも、誤解を招かないように、日頃から気をつけるようにしてください。

授業のワークシートです。
ご覧いただきまして、ご意見ご感想をお聞かせください。
　また、ご家庭で工夫していることなどがありましたら、どのようなことでもよいので是非お知らせください。

　　　月　　日（　　）までに担任にご返却ください。

コラム

「あいだと距離感」

　腕一本分の距離を"相手"ととることは、しばしば教えられているところです。距離感を考えるという抽象的な表現がなかなか理解しにくいからです。この"相手"との距離のことを、わたしたちは「あいだ」と簡潔に呼ぶことをここで提案いたします。

　生命をつなぐという生殖の観点からいえば、本来"相手"との距離に、腕一本ルールを当てはめられない場面は多々あります。しかし、学校の性教育では、コラム「思春期とは」に書きましたとおり、「社会的成熟」に向けた取り組みがまずは必要となりますので、腕一本の「あいだ」を練習することになります。

　さらに、千葉県立柏特別支援学校では、腕一本の「あいだ」をとるという考え方に加えて、表裏一体となる、腕一本の「あいだ」を"越えてくる"者への対応を学びます。これは昨今の子どもをめぐる状況を踏まえると、たいへん重要な内容だと考えます。

　「あいだ」はとるだけではなく、越えてくることへも注意を向けるということを、皆様に提案したいと思います。

「ルールとマナー」

　本書では、「ルール」のかわりに「決まり」、「マナー」のかわりに「約束」という表現を用いています。わたしたちは、これまでルールとマナーという表現をあまり区別せずに、それほど大きな違いはないように扱ってきましたが、近頃はこの表現が別々に使われている例を目にしました。

　歩きタバコやタバコのポイ捨ては、「ルール」として禁じられているという旨の立て看板（東京都千代田区）が秋葉原駅を出たところにありました。また、飛行機内における迷惑行為は「マナー」として禁じられているわけではないというメッセージが国内線に乗るたびに毎回流れます。

　つまり、「ルール」とは異文化の人も含めた行動要請であり、「マナー」は同じ文化の人のとるべき望ましい行動なのです。異文化の人々との共生社会づくりが現実的な場所（上の千代田区や飛行機内のように）では、「マナー」は通用しないので、「ルール」に頼るしかないのです。

　また、「ルール」と「マナー」の違いに、罰則の有無があります。「ルール」には罰則がついています。行動要請に従わない場合には、それなりの罰則を受けます。わたしたちはこれらのイメージがあまり無いものですから、子どもにスマホを持たせる際に家庭内「ルール」を作って、という表現をよく用いますが、本当にそれがルールならば、罰則（スマホを1週間取り上げるとか）も厳密に適用しなければいけません。

　このような観点から、本書では「ルール」のかわりに「決まり」、「マナー」のかわりに「約束」という表現を用いることにしています。

実践編 6 指導略案
「おすし」で自分を守ろう

中学部　生活単元学習　学習指導略案

1　題材・単元の構成（★は本時）

単　元	題　材	授　業
「あいだ」のとり方	人との距離	あいさつのしかた、ベンチのすわりかた
		水道前や移動のときのならびかた
		おともだちのさそいかた
		おともだちとの「あいだ」
	距離を越えた人への対応	おともだちとの「あいだ」
		「おすし」で自分を守ろう★

2　授業の説明

(1) 生徒の様子

　中学部1学年から3学年の男子生徒4名、女子生徒4名の計8名の学習グループで取り組み、2名の教師で指導・支援に当たっている。

　全員が言葉でのやりとりをすることができ、文字や数を理解している。身辺面の自立ができている生徒も多く、スクールバス停までの自力通学をしていたり、学校までの自力通学の練習をしていたりする生徒がほとんどである。人との「あいだ」については、小学部段階から学習に取り組み、日常生活の指導においても言葉かけをしているが、距離感をつかむことを苦手としていたり、異性への興味が出てきて、興味本位から近づいたりするなど様々な生徒がいる。また、保護者側にもスキンシップの一環として子どもと抱き合うなどの行動が見られる場面もあり、それらが日常的にあるため、保護者との近い「あいだ」が「当たり前」と感じている生徒もいる。

(2) 何を理解し、何ができるか〜知識及び技能〜

　本題材では、「おともだちとの『あいだ』」の振り返りを行い、相手とは腕一本分の「あいだ」をとることの理解を再確認する。また、中学生としての自覚をもって、相手が友達だけではなく、家族などの親しい関係の場合であっても、「あいだ」をとることが大切であることが理解できる。

　知らない人が「あいだ」を越えてくる場合があることも知り、相手が「あいだ」を越えてきた場合には、「おすし」の合言葉で対応することがわかり、今回のロールプレイで、「おすし」の「大声を出す」「すぐ逃げる」「知らせる」を実践する。

(3) 学んだことをどう使えるか〜思考力・判断力・表現力等〜

　今回の学習では、相手が誰であっても「あいだ」をとることが大切であること、相手が「あいだ」を越えてきた場合の対処法を学ぶ。

　保護者との近い距離感が「当たり前」と感じている生徒も、「当たり前」ではないことに気付き、「あいだ」をとれるようにする。ロールプレイの演習で、「知らない人」「知っている人（先生）」「身近な人（保護者）」が「あいだ」を越えてきた場合を設定し、「おすし」の合言葉を実践できるようにする。また、合い言葉の「おすし」を中学部でしっかりと身につけ、今後は高等部の自力通学生徒が学習する「いかのおすし」へと繋ぐ。

(4) 主体的に学習に取り組むためにどのように学ぶか～学びに向かう力、人間性等～

　全2時間の題材計画で、本時は2時間目に当たり、ワークシートの記入やロールプレイを中心とした授業とする。

　初めに、1時間目の「おともだちとのあいだ」の授業で取り組んだワークシートの問題と同じ内容を○×クイズにして取り組み、振り返りを行う。

　次に、「知らない人の場合」「知っている人の場合」「身近な人の場合」の「あいだ」のとり方の○×クイズに取り組み、相手が誰であっても「あいだ」をとることが大切であると学ぶ。また、「あいだ」を越えられた場合の対処法として「おすし」の合言葉を知り、ロールプレイの演習で実際に「大声を出す」「すぐ逃げる」「知らせる」ことを身につける。保護者の中には、スキンシップとして「あいだ」を越えた関わりをすることもあるようだが、子どもたちの将来を見据えて、「あいだ」をとることの必要性を共有できるように、ワークシートを通じて学習の様子を伝えていく。

3　目標・評価（全2時間扱い　1時間：50分）

①相手が誰であっても、「あいだ」をとることを知る。
②相手が「あいだ」を越えてきた場合の対応「お」「す」「し」を知る。

4　本時の指導（2／2時間目）

時間	学習活動	指導・支援について	教材・教具等
導入 5分	①始めの挨拶をする。 ②本時の学習内容を知る。	・学習内容予定表を示しながら、本時の学習内容を伝える。	学習内容予定表
展開 1 15分	③ワークシート「1　あいだクイズ①」に答える。 ・小学部での「友達とのあいだ」の学習を振り返りながら、問いの当てはまる方に丸をつける。 ④クイズの答え合わせをする。 ・どのような行動が良いか、または良くないかを確認する。 ・良くない行動（「あいだ」を越えてくる友達）がいたらどうするかを考えて、対応を記入する。	・生徒がクイズに取り組む時間を5分間として、タイマーを設定する。 ・クイズは、小学部での学習を振り返りやすいように、「友達とのあいだ」のワークシートと同じイラストを使用する。 ・ワークシートのクイズと同じイラストを拡大して黒板に貼り、○×磁石で正解を伝える。 ・具体的にどのような行動が良いか、または、良くないのかを○×ブザーを使いながら伝える。	ワークシート「あいだクイズ①」部分 タイマー 拡大したイラスト ○×磁石 ○×ブザー
展開 2 25分	⑤ワークシート「2　あいだクイズ②」に答える。 ・相手が友達以外の人（知らない人、知っている人、身近な人など）の場合はどうか、問いの当てはまる方に丸をつける。 ⑥答え合わせをする。 ・相手が誰であっても「あいだ」を越えてくることが良くないことであると知る。 ⑦合言葉「お」「す」「し」を知る。 ・イラストを見ながら、教師の説明を聞く。 ⑧ワークシート「3　こんなとき、どうする？」のイラストに合わせて、ロールプレイを行う。	・生徒がクイズに取り組む時間を5分間として、タイマーを設定する。 ・生徒が回答に悩んでいる場合は、空欄で進めてもよいことを伝える。 ・ワークシートのクイズと同じイラストを拡大して黒板に貼り、○×磁石で正解を伝える。 ・相手が誰であっても「あいだ」を越えてくることがよくないことであることを伝える。 ・「あいだ」を越えてくる人がいた場合の対応として「お…大声を出す」「す…すぐに逃げる」「し…知らせる」をイラストで示しながら伝える。 ・「あいだ」を越えてくる人に出会った場合にどう対応するか、教師が様々な相手を想定したお面をつけてロールプレイを行う。	ワークシート「あいだクイズ②」部分 タイマー 拡大したイラスト ○×磁石 ワークシート「こんなとき、どうする？」部分
振り返り 5分	⑨授業の振り返りをして、ワークシートの「4　まとめ」を書く。 ・相手が誰であっても、「あいだ」をとることを確認する。 ・「あいだ」を越えてきた場合の合言葉「お」「す」「し」を言い、ワークシートに記入する。 ・授業の感想を記入する。 ⑩終わりの挨拶をする。	・「今日のまとめ」は、生徒が記入しやすいように穴埋めの問題にしておく。 ・「お…大声を出す」「す…すぐに逃げる」「し…知らせる」をイラストで示しながら再度伝える。	ワークシート「まとめ」部分 「お」「す」「し」の説明イラスト

実践編❻「おすし」で自分を守ろう ワークシート、イラスト（CD-ROM 収録）

1

教師用表紙　WS06　人との距離感

中学部（　　グループ）　　　　　　　　　　　　　　　　　　　　年　　月　　日

≪生活単元学習≫

「あいだ」のとり方
―「おすし」で自分を守ろう―

《本時の目標》

1　相手が誰であっても、「あいだ」をとることを知る

2　相手が「あいだ」を越えてきた場合の対応「お」「す」「し」を知る

児童生徒・保護者配布用表紙　WS06　人との距離感

中学部（グループ別）　　　　　　　　　　　　　　　年　　月　　日

「あいだ」のとり方
―「おすし」で自分を守ろう―

《今日の勉強》

1　「あいだ」のとり方を知ろう

2　合言葉「おすし」を知ろう

なまえ
名前＿＿＿＿＿＿＿＿＿＿＿＿＿＿＿＿＿＿＿＿

3

1 「あいだ」クイズ①

友だちとの「あいだ」のとり方で、良い方はどちらですか？
良い方に○をつけましょう。

①あいさつのしかた

②ベンチの座り方

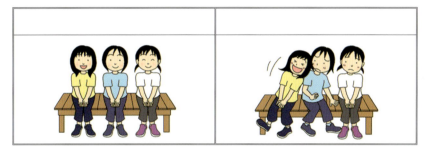

③誘い方

相手とは、腕1本分くらいの「あいだ」（距離）をとることが大事でしたね！

もし、「あいだ」を越えてきた友達がいたら、あなたはどうしますか？

2 「あいだ」クイズ②

相手が友だち以外の人の場合、「あいだ」のとり方で良い方はどちらですか？ 良い方に〇をつけましょう。

①知らない人

②知っている人

③身近な人

相手がだれでも、「あいだ」を越えることは
_____

5

相手がだれでも、腕1本分の「あいだ」（距離）をとることが大事です！
「あいだ」を越えて、体を触ってきたり、嫌なことをしてきたりした人がいた場合の合言葉（対応方法）を覚えましょう。

合言葉は・・・

お	
す	
し	

3　こんなとき、どうする？

★「お」「す」「し」のロールプレイをやってみよう！

①知らない人

②知っている人

③身近な人

④身近な人

4 まとめ

相手がだれでも、腕1本分の「あいだ」を越えることは ☐

「あいだ」を越えてくる人がいたら・・・
合言葉は ☐ ☐ ☐

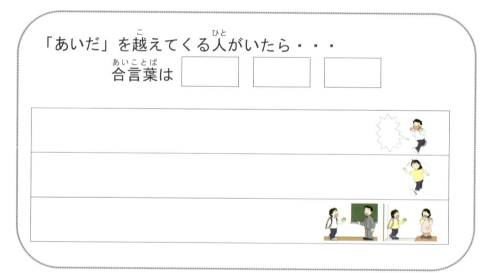

＊授業の感想・わかったこと＊

7

≪授業の様子≫

生徒の様子を記入する

保護者の方へ
　今回の授業では、これまで学習してきた、人との距離感（腕１本分「あいだ」をあける）という内容に加えて、「あいだ」を越えてきた人がいた場合の対処法を学習しました。
　「お」「す」「し」を合言葉に、「大声を出す」「すぐ逃げる」「知らせる」という対処法を知り、相手が誰（親しい人）であっても、「あいだ」を越えるのは良くないことであると学びました。
　家の方もこの「あいだ」を取るように意識して、本人の距離感を育むように心がけてください。

本日の授業のワークシートです。
ご覧いただきまして、ご意見ご感想をお聞かせください。
　また、ご家庭で工夫していることなどがありましたら、どのようなことでもよいので是非お知らせください。

_____

_____

_____

_____

　　　月　　日（　　）までに担任にご返却ください。

おかえり〜♪

指導略案 7 大きくなったわたしたちの体

中学部　2年　保健体育　学習指導略案

1　題材・単元の構成（★は本時）

単　元	題　材	授　業
思春期の体の変化	体の発育	ほけんしつで「発育測定」をしよう
	二次性徴	大きくなったわたしたちの体★
	決まりと約束	「かくすところ」の決まりと約束を守ろう

2　授業の説明

(1) 生徒の様子

　中学部2年生は、男子6名、女子4名の計10名が在籍し、4名の教師で指導・支援に当たっている。

　体つきががっちりとしてきて声が低くなり始めている男子生徒、ふっくらとし始めている女子生徒など、思春期の体の変化が起こり始めている生徒や、思春期の体の変化の準備段階にあり、月経（生理）用品の扱いの練習をしている女子生徒もいる。

　言葉でのやりとりができる生徒、単語や指差し、直接的な行動で要求を表現する生徒がおり、関わり方は様々であるが、人との関わりを好む生徒が多い。

(2) 何を理解し、何ができるか～知識及び技能～

　男女の体の違いや身近な友達や教師の性別、大人に近づくにつれて男女の体はどのように変化するのかについて考える学習を通して、大人の体に変化をする時期を「思春期」と呼ぶことや、思春期の男女の体の変化について知る。

(3) 学んだことをどう使えるか～思考力・判断力・表現力等～

　本学習を通して、体の変化について、困っていることがあるときは家の人や担任、養護教諭など周囲に相談できる相手がいることを知り、安心して自分の体の変化を受け入れることにつなげる。

(4) 主体的に学習に取り組むためにどのように学ぶか～学びに向かう力、人間性等～

　全3時間の扱いで、1時間目は、校内で学期ごとに行われる発育測定を通して、自分の身長や体重がどのように変化してきたかや成長の仕方には個人差があることを学ぶ。

　本時は2時間目となり、養護教諭をゲストティーチャーとして呼ぶ。思春期の男女の体はどのように変化するかについて、カードやイラストを貼って答える簡単なクイズ形式で学んだり、前向きと横向きの影絵を白色と黒色で提示して特徴を見て男女どちらか考えたり、男女の体の違うところに気づき、思春期の男女の体の変化と違いを知ることができるようにする。また、体のことで困ったときに話を聞いてくれる先生として養護教諭が身近な相談相手となることを理解できるようにする。

　3時間目は、体には、「かくすところ」があることを改めて確認し、「かくすところ」についての決まりと約束について学ぶ。

3　目標・評価（全3時間扱い　1時間：50分）

①思春期の男女の体の変化を知る。

②体のことで困ったときに相談できる相手を知る。

4　本時の指導（2／3時間目）

時間	学習活動	指導・支援について	教材・教具等
導入 5分	①始めの挨拶をする。 ②前時の振り返りと本時の活動内容を知る。 ③養護教諭の自己紹介を聞く。	・T1は前時に使用した教材を提示して振り返りながら、本時の内容につなげて話をする。 ・養護教諭は、自己紹介をする。	ホワイトボード 前時で使用した教材
展開 1 20分	④男女の体の違いについて知る。 ・おむつをしている赤ちゃんの絵を見て、男か女か考え、ワークシートにシールを貼る。 ・ホワイトボードに「男」「女」「わからない」のカードを貼る。 ・おむつをはずした2人の赤ちゃんの絵を見て、それぞれ男か女か考え、シールを貼る。 ・ホワイトボードに「男」「女」「わからない」のカードを貼る。 ・自分や学年の教師、友達は男か女か考え、ワークシートに写真シールを貼り、全体で確認する。 ・写真カードをホワイトボードに貼り全体で確認する。 ⑤思春期の男女の体の変化について知る。 ・人体を正面と横向きで表した影絵を見て、男か女か考え、「男」「女」どちらかのシールを貼る。 ・影絵の男女の体の「かた」「むね」「おしり」に注目し、違いを知り、影絵の違う部分を色付きの角型の枠で囲む。 ・ワークシートの人体図に思春期の男女の体の変化を描く。 ・大人への体に変わる時期（9歳〜15歳）に「思春期」シールを貼る。	・T2〜T4は、おむつの部分に注目するよう支援する。 ・養護教諭は、カードを貼る生徒を指名する。 ・養護教諭はおむつをしている赤ちゃんの絵からおむつの絵をはずし、注目を促し違いに気がつけるようにする。 ・T1は、例として、前課題で出てきた赤ちゃん（男児・女児）やお父さん、お母さん、中学生（男子・女子）の絵を例として男女分けて貼る。 ・養護教諭は、写真カードを貼る生徒を指名する。 ・掲示する男女の影絵は重ねて比較できるよう、掲示する男女の影絵の女正面、男横向きは、白色にする。 ・養護教諭は男正面の影絵の上に女正面の影絵を重ねて肩を、女横向きの影絵に男横向きの影絵を重ねて胸と尻が違うことを一緒に確認する。 ・T2〜T4は、描き加えることが難しい生徒に、男女の体の変化の絵を提示し、視写したり、事前に変化する部位をカード化（ワークシートの場合はシール化）して貼ったりできるようにする。 ・養護教諭は、前時の身長や体重の変化の話をしたり、生徒へ現在の年齢を問いかけたりしながら、年齢の経過と体の成長について意識できるようにする。	ワークシート「赤ちゃんの絵（男児女児）」部分 おむつの絵 「男」「女」「わからない」カード ワークシート「赤ちゃん」部分 シール 中学生（男子女子）、お父さん、お母さんの絵 生徒と教師の写真カード 生徒と教師の写真シール ワークシート「自分やお友だち」部分 男女影絵（正面横向き） 「男」、「女」カード 角型の枠 ワークシート「影絵クイズ」部分 白抜きの人体図（男女） ペン 体の部位絵カード 体の部位シール 0歳、9歳、15歳、等身大の絵（男女） 「思春期」カード 「思春期」シール ワークシート 「大人に近づく」部分 「思春期」部分

展開2 15分	⑤体のことで困ったときに相談できる相手を知る。 ・思春期を迎える時期や起こり方は人によって違うことを知る。 ・T2が養護教諭に体の変化について心配なことを相談しているロールプレイを見る。 ・ホワイトボードの「心配なことがあったらこの人に相談してみよう」の欄に養護教諭、学年教師の写真カードや家の人のイラストカードを貼る。	・養護教諭は、一人一人思春期を迎える時期や起こり方は違うので焦ったり、不安になったりする必要はないことを伝える。 ・T1は、写真カードを貼ったり、保健室や家で相談している絵を貼ったりしながら、養護教諭の他にも家の人、担任の先生など身近に相談できる人が複数いることを伝える。	ワークシート 養護教諭、学年教師、家の人の写真カード 保健室や家の人に話をしている絵 ワークシート 「大人に近づくと」部分
振り返り 10分	⑥本時の学習のまとめ、発表する。 ・一人ずつ、ワークシートの内容を発表する。 ⑦次時の予告と終わりの挨拶をする。	・T1は、発表をする生徒を順に指名し、ワークシートをホワイトボードの見やすい位置に貼り、ポイント部分を指差しして一緒に確認する。	本時で使用したワークシート

実践編 ❼ 大きくなったわたしたちの体 ワークシート、イラスト（CD-ROM 収録）

1

教師用表紙　WS07　二次性徴

中学部　年　組　　　　　　　　　　　　　　　年　月　日

≪保健体育≫

思春期の体の変化
—大きくなったわたしたちの体—

《本時の目標》

1　思春期の男女の体の変化を知る

2　体のことで困ったときに相談できる相手を知る

児童生徒・保護者配布用表紙　WS07　二次性徴

中学部　年　組　　　　　　　　　　　　　　　　　　　　年　月　日

≪保健≫

思春期の 体 の変化

―大きくなったわたしたちの 体―

≪今日の勉強≫

1　思春期に男子と女子の 体 は、どのように変わるかを知ろう

2　体 のことで困ったら、話を聞いてくれる人がいることを知ろう

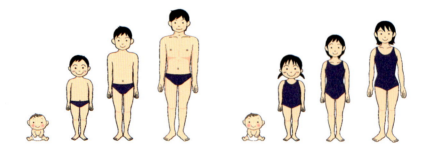

名前＿＿＿＿＿＿＿＿＿＿＿＿＿＿＿＿＿＿＿＿＿

3

赤ちゃんは、「男」かな？「女」かな？

シールをはりましょう。

男	女	わからない

赤ちゃんがおむつをとりました。「男」かな？ 「女」かな？
シールをはりましょう。

おむつをしているとわからない

実践編 7 大きくなったわたしたちの体　ワークシート、イラスト（CD-ROM 収録）

4

自分やお友だちや先生は、「男」かな？　「女」かな？

写真シールをはりましょう。

男

女

5

影絵クイズ

下の影絵は、「男」かな？　「女」かな？

シールをはりましょう。

男	女	わからない

まえ　　よこ

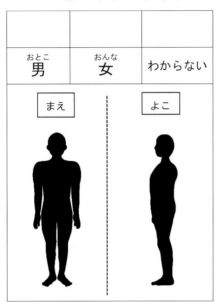

男	女	わからない

まえ　　よこ

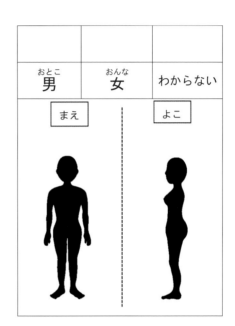

どこが、ちがうでしょうか。シールをはりましょう。

かた	むね	おしり

大人に近づくと起こる

「男子」、「女子」の 体の 変わるところを 絵の中にかいてみましょう。

男子の 体の 変わるところ
・かたはばが広くなる
・ひげが生えてくる
・わきや性器のまわりに毛が生えてくる

女子の 体の 変わるところ
・むねがふくらんでくる
・こし（おしり）のまわりが大きくなる
・わきや性器のまわりに毛が生えてくる

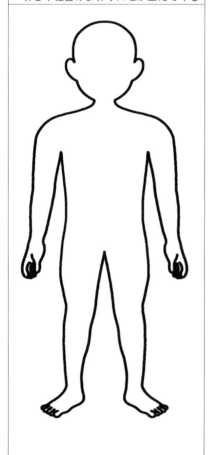
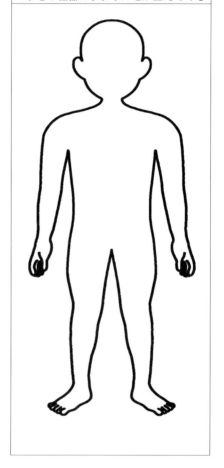

7

「思春期」は、どの人でしょう。 ○でかこみましょう。

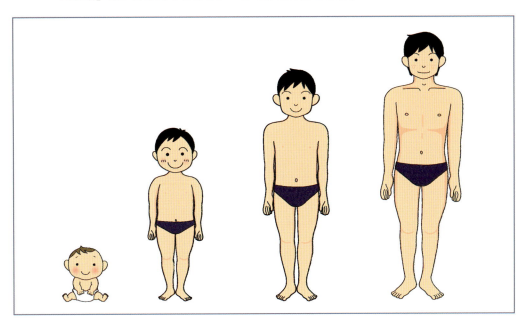

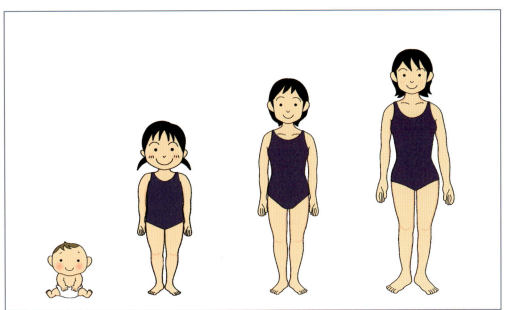

大人に近づくと、

女子 ①むねがふくらむ。
　　 ②こし（おしり）のまわりが大きくなる。
　　 ③わきや性器のまわりに毛が生えてくる。

男子 ①かたはばが広くなる。
　　 ②ひげが生えてくる。
　　 ③わきや性器のまわりにも毛が生えてくる。

このような大人への体の変わる時期を 思春期 といいます。

体つきが変わる時期や起こり方は、みんなちがいます。早い人もおそい人もいます。

困ったことがあったら、おうちの人や担任の先生や保健室の先生に話してみましょう。

9

保護者の方へ
　思春期は、大人への入り口です。お子さんの体の変化に戸惑いを感じることもあるかと思いますが、前向きにとらえてみてはどうでしょうか。
　思春期の体の変化が起こり始めたら、このワークシートを活用しながら、体が子供から大人に近づいていることを話してみてください。それとともに、ご家庭内でも普段から大人としての対応を心掛けてください。

本日の授業のワークシートです。
ご覧いただきまして、ご意見ご感想をお聞かせください。
また、ご家庭で工夫していることなどがありましたら、どのようなことでもよいので是非お知らせください。

　　月　　日（　　）までに担任にご返却ください。

実践編 8 指導略案
「かくすところ」の決まりと約束を守ろう

中学部　2年　保健体育　学習指導略案

1　題材・単元の構成（★は本時）

単　　元	題　　材	授　　業
思春期の体の変化	体の発育	ほけんしつで「発育測定」をしよう
	二次性徴	大きくなったわたしたちの体
	決まりと約束	「かくすところ」の決まりと約束を守ろう★

2　授業の説明

(1) 生徒の様子

　中学部2年生は、男子6名、女子4名の計10名が在籍し、4名の教師で指導・支援に当たっている。

　体つきががっちりとしてきて声が低くなり始めている男子生徒、ふっくらとし始めている女子生徒などの思春期の体の変化が起こり始めている生徒や、思春期の体の変化の準備段階にあり、月経（生理）用品の扱いの練習をしている女子生徒がいる。

　言葉でのやりとりができる生徒、単語や指差し、直接的な行動で要求を表現する生徒がおり、関わり方は様々であるが、人との関わりを好む生徒が多く、休み時間などの様子では、男女の生徒同士の距離が近づきすぎることがある。

(2) 何を理解し、何ができるか～知識及び技能～

　本学年は、既に、小学部高学年の校外宿泊学習やプール指導の事前学習で「かくすところ」はどこかについて学んでいる。中学部では、校外宿泊学習やプールに加え、外部での作業学習製品の販売会など、公共の場所を利用する機会が多くなる。社会との関わりが増える中、思春期の体の変化が始まったり、これから体の変化を迎えたりするこの時期に、本学習で改めて「かくすところ」について知る。

(3) 学んだことをどう使えるか～思考力・判断力・表現力等～

　人がいるところでの、「かくすところ」の振る舞いについて、良い例や悪い例を具体的に考え、「かくすところ」についての決まりや約束を知ることができる。

(4) 主体的に学習に取り組むためにどのように学ぶか～学びに向かう力、人間性等～

　全3時間の単元で、1時間目は、校内で学期ごとに行われる発育測定を通して、自分の身長や体重がどのように変化してきたかや成長の仕方には個人差があることを学んだ。2時間目は、思春期の男女の体の変化について学んだ。

　3時間目の本時は、「かくすところ」について、自分の生活とつなげて考えることができるように、身近なお風呂やプールの場面を提示する。また、「かくすところ」の決まりと約束について、場面をイメージしながら適切な行動かどうかを考えられるように、具体的なケースをイラストで例として挙げる。

3　目標・評価（全3時間扱い　1時間：50分）

①改めて、体の「かくすところ」を知る。

②体の「かくすところ」の決まりと約束を知る。

4　本時の指導（3／3時間目）

時間	学習活動	指導・支援について	教材・教具等
導入 5分	①始めの挨拶をする。 ②前時の振り返りと本時の活動内容を知る。	・T1は、前時に使用した、思春期の男女の体の変化について学習したことを振り返り、本時の内容につなげて話をする。	ホワイトボード
展開 1 20分	③体の「かくすところ」を知る。 ・お風呂に入るときの適切な格好について考え、ワークシートに適切だと思う方にシールを貼る。 ・代表がホワイトボードにカードを貼り、正しいものを確認する。 ・お風呂は、男女は別々に入るか、一緒に入るか考え、ワークシートに適切だと思う方にシールを貼る。 ・代表がホワイトボードにカードを貼り、正しいものを確認する。 ・プールに入るときの適切な格好について考え、ワークシートに適切だと思う方にシールを貼る。 ・代表がホワイトボードにカードを貼り、正しいものを確認する。 ・プールは、男女は別々に入るか、一緒に入るか考え、ワークシートには適切だと思う方にシールを貼る。 ・代表がホワイトボードにカードを貼り、正しいものを確認する。 ・男子と女子が一緒にいる場所で「かくすところ」はどこか、ホワイトボードの男子、女子の体の絵を枠で囲む。（ワークシートには「かくすところ」だと思う場所に○をつける）	・T1は、水着を着用している男子と女子のイラストを提示するときは、はだかのイラストの上に水着のイラストを重ね、水着で体の一部が隠れていることを強調する。 ・T1〜T4は、家庭でのお風呂の様子や、校外宿泊学習でのお風呂の様子を振り返るよう言葉かけをする。 ・T1は、水着を着用している男子と女子のイラストを提示するときは、はだかのイラストの上に水着のイラストを重ね、再度、水着で体の一部が隠れていることを強調する。 ・T1〜T4は、カードやイラストを選ぶことに迷っている様子が見られた場合は、プール指導の学習の写真を提示する。 ・かくすところを囲む枠は、色付きの角型にし、貼った体の部位が目立つようにする。	「お風呂」「はだか」「水着」（男子女子）の絵カード ワークシート「かくすところを知ろう」部分 ワークシート「プールに入るとき」部分 シール 男子と女子が別々にお風呂に入っている絵カード 男子と女子が一緒にお風呂に入っている絵カード 男子と女子が別々にプールに入っている絵カード 男子と女子が一緒にプールに入っている絵カード プールの学習時の写真 体の絵（男子女子） 角型の枠 ワークシート 「かくすところ」部分
展開 2 15分	④「かくすところ」の決まりと約束を知る。 ・「かくすところ」に関する、4つの決まりと約束を読み、場面の絵を見て、イラストの横の「×」印をボードに貼る。 （ワークシートには「×」印をなぞる）	・T1は、どのような場面の絵か、一枚ずつ、ポイントとなる箇所を確認しながら提示する。 ・きまりや約束について、なぜ守るべきであるのか、場面ごとに質問しながら、説明をする。	4つの場面絵 「×」ボード ペン（鉛筆） ワークシート 「『かくすところ』①決まりと約束」部分
振り返り 10分	⑤「かくすところ」についてまとめる。 ・一人ずつ、ワークシートの内容を振り返りながら発表する。 ⑥次時の予告と終わりの挨拶をする。	・T1は、ワークシートをホワイトボードの見やすい位置に貼り、ポイント部分を指差しして一緒に確認する。	本時で使用したワークシート

93

教師用表紙　WS08　決まりと約束

中学部　年　組　　　　　　　　　　　　　　　　　　　　年　　月　　日

≪保健体育≫

思春期の体の変化

—「かくすところ」の決まりと約束を守ろう—

《本時の目標》

1　改めて、体の「かくすところ」を知る

2　体の「かくすところ」の決まりと約束を知る

児童生徒・保護者配布用表紙　WS08　決まりと約束

中学部　年　組　　　　　　　　　　　　　　　　　　年　月　日

≪保健≫

思春期の体の変化

―「かくすところ」の決まりと約束を守ろう―

> ≪今日の勉強≫
>
> 1　「かくすところ」を　もう一度　確認しよう
>
> 2　「かくすところ」の　決まりと約束を　知ろう

名前＿＿＿＿＿＿＿＿＿＿＿＿＿＿＿＿＿＿＿＿

実践編 ⑧「かくすところ」のきまりと約束を守ろう　　ワークシート、イラスト（CD-ROM 収録）

3

1　「かくすところ」を知ろう

≪お風呂に入るとき≫

どちらでしょうか。シールをはりましょう。

はだか	水着を着る

男の子と女の子は、べつべつに入る	男の子と女の子は、いっしょに入る

4

≪プールに入(はい)るとき≫

どちらでしょうか。シールをはりましょう。

はだか	水着(みずぎ)を着(き)る

男(おとこ)の子(こ)と女(おんな)の子(こ)は、べつべつに入(はい)る	男(おとこ)の子(こ)と女(おんな)の子(こ)は、いっしょに入(はい)る

実践編 ❽ 「かくすところ」のきまりと約束を守ろう　　ワークシート、イラスト（CD-ROM 収録）

5

人がいるところでは、

かくすところ

があります。
（家の中でも、同じです）

「かくすところ」は、どこでしょうか。〇で囲みましょう。

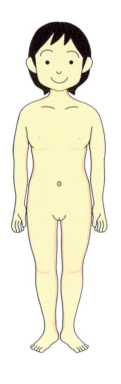
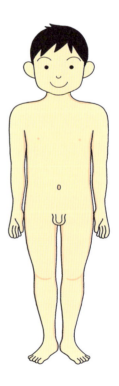

2 「かくすところ」の 決まりと約束を 知ろう

じぶんの 「かくすところ」を 人に見せない

じぶんの 「かくすところ」を 人がいるところで さわらない

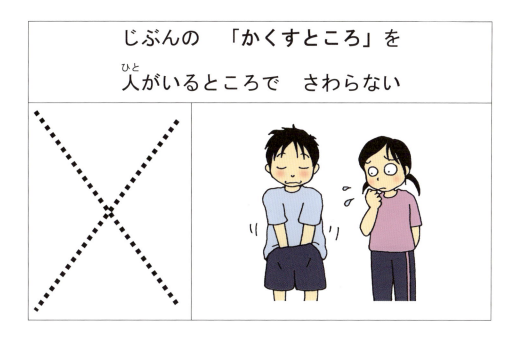

実践編 ⑧ 「かくすところ」のきまりと約束を守ろう　　ワークシート、イラスト（CD-ROM 収録）

7

＊　授業で使うときのイラストの数は、変更してください。

8

> 保護者の方へ
> 　今日は、人のいる場所（人前）での「かくすところ」の決まりと約束を学びました。「かくすところ」の決まりと約束は、見ない・さわらないということです。これは家庭内でも同じです。家族がいる場所（家族の前）で、「かくすところ」をさわっている場合には、「人のいるところではしませんよ」と言葉かけをして、気付きをうながしてください。

本日の授業のワークシートです。
ご覧いただきまして、ご意見ご感想をお聞かせください。
また、ご家庭で工夫していることなどがありましたら、どのようなことでもよいので是非お知らせください。

　　月　　日（　）までに担任にご返却ください。

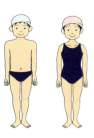

実践編 9 指導略案
月経(生理)について知ろう

高等部　2年　保健体育　学習指導略案

1 題材・単元の構成 (★は本時)

単元	題材	授業
素敵な大人を目指して	性衝動のコントロール(男子)	心と体の変化を知ろう
	月経(女子)	月経(生理)について知ろう★
	体の洗い方	顔の洗い方を覚えよう
		体の洗い方を覚えよう
		髪の毛の洗い方を覚えよう
	服装、髭剃り(男子)	身だしなみを整えよう
	髪型(女子)	

2 授業の説明

(1) 生徒の様子

　高等部2年の性に関する指導は、保健体育の中でAからDの4つのグループに分けて授業を行っている。本授業では、A・Bグループを男女別に分け、男子は精通時の対応や男女の関わり、女子は月経について等の指導を行う。本グループは、A・Bグループの女子生徒7名からなり、2名の教師で指導・支援に当たっている。

　コミュニケーション面では、全員が言葉でのやりとりをすることができ、身辺自立もほぼ自立しているが、日常生活の様子や保護者アンケートの結果から、「月経時にナプキンを替えるタイミングがわかりにくい」、「丁寧に手当てすることが難しい」などの清潔や身だしなみの技能の問題や、人前で大きな声で月経の話をするなどの他者を意識した行動の難しさがうかがえた。

(2) 何を理解し、何ができるか～知識及び技能～

　本題材では、月経時の注意(手当ての仕方、衛生面、好ましい服装等)や女性としての約束ごと(人前では大きな声で月経の話をしない、ナプキンを出さない等)を確認する。また、月経には人それぞれ周期があることを学び、記録の取り方を身につける。体の変化や月経等についての疑問や悩みを打ち明け、自分から対応できるように、授業の中で解決したり、「困ったことがあれば、まずは家族や先生に相談をする」ということを知ったりする。

(3) 学んだことをどう使えるか～思考力・判断力・表現力等～

　今後の生活に生かせるように、月経時の注意や約束、記録を取ることの必要性を確認し、実際の練習で手当ての方法や記録の取り方を学び、自分の行動を振り返る。

(4) 主体的に学習に取り組むためにどのように学ぶか～学びに向かう力、人間性等～

　全5時間の計画で、本時は1時間目に当たる。保健指導についての導入を全体で行った後、男女別に分かれ、本グループは月経の仕組みについて、映像教材やワークシートで学習をする。

　ナプキン処理の練習では、普段自分で使用しているナプキンを生徒が持参して、ペーパーホルダーやサニタリーボックスを使い、より実践に近い形で取り組む。

月経記録表の学習は、記録を取るポイント（いつ月経が始まったのか、その日の体調や気分など）を伝える。自分の次回の月経が大体いつ頃になるかの予想を立て、半月後に控えた宿泊学習と関連付けて授業を進める。宿泊学習の日程と月経が重なる場合はナプキンを多めに用意すること、公共施設の湯船には極力入らないこと等を伝えていく。

　月経について、普段自分からはなかなか聞けない、または、興味がないという現状をふまえ、授業で取り扱うことで、教師や保護者に質問しやすくなったり、興味をもったりして、自分の体について知る機会とする。

3　目標・評価 （全5時間扱い　1時間：50分）

①月経（生理）のときの対応について知る。
②月経（生理）の記録をつけることができる。

4　本時の指導 （1／5時間目）

時間	学習活動	指導・支援について	教材・教具等
導入 7分	①始めの挨拶をする。 ②学習グループや学習内容について知る。（教室移動）	・呼名してグループのメンバーを紹介し、保健指導の内容（単元全6回）を簡単に説明する。	学習内容予定表
展開 1 15分	③ワークシートの月経に関するアンケート〈私の月経（生理）について〉に答える。 ④スライド（月経時の約束ごと、手当ての仕方、月経記録について）を見て、ワークシートにポイントとなる点（クイズの回答）を記入する。	・生徒が回答に悩んでいる場合は、空欄で進めてもよいことを伝える。 ・スライドの内容に沿って記入できるワークシートを用意する。 ・約束ごとや手当て等、今回のポイントとなる点の場面で映像を止めたり、説明をしたりしてスライドを進めるようにする。	ワークシート「私の月経（生理）について」部分 パソコン テレビとスクリーン ワークシート「クイズ」部分
展開 2 10分	⑤月経時の注意や約束ごとを確認して、ナプキン処理の練習をする。	・はじめに注意事項を伝えながら手本を示す。 ・一人ずつ処理の練習を行う際は教師が確認をする。	ナプキン ペーパーホルダー サニタリーボックス
展開 3 10分	⑥月経記録表に自分の記録を記入する。 ・記録のポイントを聞く。 ・困ったことがあったときは、家族や先生に相談することを知る。	・拡大した記録表で書き方を示す。 ・あらかじめ、生徒の月経の記録を調べておき、自分の記録の記入が難しい生徒には伝えて、一緒に確認をする。 ・月経の始まった日、その日の体調と気分等がポイントになることを説明する。	拡大した記録表 ワークシート「月経記録表」部分
振り 返り 8分	⑦振り返りのためのワークシートに記入する。 ⑧終わりの挨拶をする。	・ナプキンや記録表を示し、ワークシートを用いて、ポイントの振り返りを行う。	ワークシート「まとめ」部分

| 教師用表紙　WS09　月経 |
| 高等部　年（　　グループ）　　　　　　　　　　年　　月　　日 |

≪保健体育≫

素敵な大人を目指して
―月経（生理）について知ろう―

《本時の目標》

1　月経（生理）のときの対応について知る

2　月経（生理）の記録をつけることができる

2

| 児童生徒・保護者配布用表紙　WS09　月経 |

高等部　年（　　グループ）　　　　　　　　　　　　　年　　月　　日

≪保健（ほけん）≫
素敵（すてき）な大人（おとな）を目指（めざ）して
—月経（げっけい）（生理（せいり））について知（し）ろう—

≪今日（きょう）の学習内容（がくしゅうないよう）≫
1　自分（じぶん）の月経（げっけい）（生理（せいり））について知（し）ろう
2　月経（げっけい）（生理（せいり））のときの対応（たいおう）について勉強（べんきょう）しよう
　①　月経（げっけい）（生理（せいり））の期間（きかん）や間隔（かんかく）
　②　ナプキンの準備（じゅんび）
　③　ナプキンの捨（す）て方（かた）の練習（れんしゅう）
　④　洋服（ようふく）が汚（よご）れたときの対応（たいおう）
3　月経（げっけい）（生理（せいり））の記録（きろく）のつけ方を練習（れんしゅう）しよう

名前（なまえ）＿＿＿＿＿＿＿＿＿＿＿＿＿＿＿＿＿＿＿＿＿＿＿＿

105

実践編 ❾ 月経（生理）について知ろう　ワークシート、イラスト（CD-ROM 収録）

3

★ 私の月経（生理）について

あてはまるほうに〇をつけましょう。

1　次の月経（生理）がいつくるのか、わかりますか。

はい（　　月　　日ころ）	いいえ

2　ナプキンをいつも持っていますか。

はい	いいえ
ロッカーやかばんの中にいつも入れている	家にある

3　トイレに行くとき、ナプキンはポーチなどに入れて持ち歩いていますか。

はい	いいえ
ポーチに入れて持っていく	そのまま持っていく

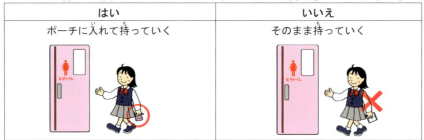

4　ナプキンは、トイレに行くたびにとりかえていますか。

はい	いいえ
トイレに行くたびに、とりかえる	先生に言われたら、とりかえる

5　ナプキンを捨てるときはペーパーで包んでいますか。

はい	いいえ
ペーパーに包んで捨てている	そのまま捨てている

4

★クイズに答えながら、月経（生理）について勉強しましょう！

正しい方は、どちらですか。あてはまるほうに〇をつけましょう。

もんだい１：月経（生理）は、何日くらい続きますか。

３〜７日くらい	１０日以上

もんだい２：月経（生理）と月経（生理）の間は、どれくらいですか。

約１ケ月に１回	きまっていない

もんだい３：ナプキンは、いつもどこにありますか。

教室のロッカーやカバンの中	学校のトイレ

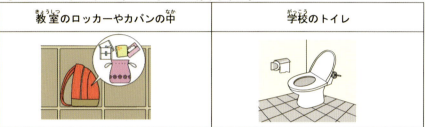

もんだい４：トイレに行くとき、ナプキンはどのようにして持っていきますか。

ポーチに入れて持っていく	そのまま持っていく

もんだい５：学校で、急に月経（生理）になったらどうしますか。

担任の先生や保健室の先生に話す	そのままにしている

実践編 ❾ 月経（生理）について知ろう　ワークシート、イラスト（CD-ROM収録）

5

もんだい6：ナプキンは、どのように捨てますか。

ペーパーに包む	そのまま捨てる

もんだい7：ペーパーに包んだナプキンは、どのように捨てますか。

サニタリーボックスに入れる	トイレに流す

もんだい8：洋服や下着がよごれたら、どうしますか。

担任の先生や保健室の先生に話す	そのままにしている

もんだい9：月経（生理）のときは、どのような服装がいいですか。

ポケットがあり、色が濃い洋服	ポケットがなくて、白っぽい洋服

もんだい10：次の月経（生理）が2ヶ月たってもこないときは、どうしますか。

すぐに家族や学校の先生に話す	友だちに話す

6

①月経（生理）は、（　　　　　）日〜（　　　　　）日くらい続きます。

②月経（生理）は、約（　　　　　）ケ月に1回くるようになります。

③ナプキンは、いつも持っているようにしましょう。

④ナプキンを持ち歩くときは、（　　　　　　　　　）などに入れて持ち歩きましょう。

⑤ナプキンは、トイレに行くたび（2〜3時間）ごとに取り替えましょう。
量が多いときは1〜2時間ごとに取り替えましょう。

⑥ナプキンを捨てるときは、（　　　　　　　　　）に包んで、備え付けのサニタリーボックスに入れましょう。

実践編 ❾ 月経（生理）について知ろう　　ワークシート、イラスト（CD-ROM 収録）

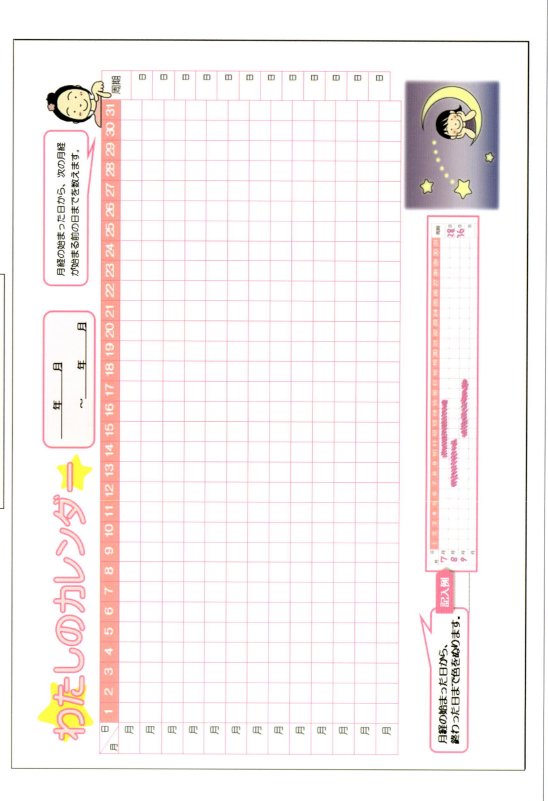

【まとめ】月経（生理）について

★勉強したことを思い出して、①②④⑥の（　）の中に言葉や数字を入れましょう。

①月経（生理）は、（　　　）日～（　　　）日くらい続きます。

②月経（生理）は、約（　　　）ケ月に1回くるようになります。

③ナプキンは、いつも持っているようにしましょう。

④ナプキンを持ち歩くときは、（　　　　　）などに入れて持ち歩きましょう。

⑤ナプキンは、トイレに行くたび（2～3時間）ごとに取り替えましょう。
量が多いときは1～2時間ごとに取り替えましょう。

⑥ナプキンを捨てるときは、（　　　　）に包んで、備え付けのサニタリーボックスに入れましょう。

月経（生理）のことで、困ったことや心配なことがあったら、すぐに家族や学校の先生に相談をしましょう。

実践編 ❾ 月経（生理）について知ろう　　ワークシート、イラスト（CD-ROM 収録）

＊授業の感想・わかったこと＊

<u>保護者の方へ</u>

　今回は、月経（生理）の仕組みや手当ての仕方、女性としての約束（人前では大声で月経の話をしない、ナプキンを出さない等）の学習をしました。

　ワークシートには、お子さんが答えたアンケートやクイズも載っていますので、保護者の方が一緒に確認をして、学校で学習した内容と同様の言葉かけをお願いします。ご家庭でもぜひ手当ての仕方を練習してください。

　また、月経（生理）記録表の付け方も学習しました。記録表を配布しますので、今後も活用してください。

本日の授業のワークシートです。
ご覧いただきまして、ご意見ご感想をお聞かせください。
　また、ご家庭で工夫していることなどがありましたら、どのようなことでもよいので是非お知らせください。

　　　月　　　日（　　　）までに担任にご返却ください。

コラム

「プライベート・ゾーン」

　本書では、「プライベート・ゾーン」の代わりに「かくすところ」という表現を用いています。

　「プライベート・ゾーン」、これこそカタカナ言葉にご用心！の最初に扱うべき題材でしょう。プライベート（privacy, private）という概念は、わが国には無く（今ももちろん無い！）、わたしたちはなんとなくわかった気になってこのカタカナ言葉を使います。

　プライバシー（プライベート）とは何か。これは対権力の考え方です。権力（わが国でいえば"お上"です）は私たち個人に何をしてくるかわからないので、常に監視が必要だという西欧の考え方です。例を挙げると、権力は家の前の道路を補修してもよいが、わが家の中を覗いてはならないという考え方です。わが家の中は、権力から隠しておかなくてはいけないという考え方なのです。

　もう一つのカタカナであるゾーン（zone）ですが、これは表面や平面のイメージをもつ言葉です。それも何らかの方法によって区切られた表面や平面のイメージです。

　すなわち、「プライベート・ゾーン」とは、権力から守るべき区切られた面（たとえば自宅の敷地とか）という意味合いになります。わが国の性教育で「プライベート・ゾーン」と称される部分は、いわゆる性器周辺部位であり、権力に対して守ったり隠したりする面という意味合いをもつわけではありません。

　簡潔にいえば、性器周辺は、わが国における社会生活の中では「かくすところ」なのです。わたしたちが、「プライベート・ゾーン」というカタカナ言葉に代えて、「かくすところ」を使う理由を説明させていただきました。

※米国で人工妊娠中絶を禁じる州法が合衆国憲法違反であるかどうかが争われたことがありました（Roe v. Wade, 410 U.S. 113 (1973)）。この裁判において素晴らしく頭の切れる弁護士が用いたのが「プライバシー」の概念なのです。権力（ここでは州政府）は、個人のプライバシー（ここでは妊娠）に首を突っ込んではいけない、という論理でした。その弁護士は勝利を勝ち取りました。

指導略案
「いかのおすし」で自分を守ろう

高等部　1年　職業　学習指導略案

1　題材・単元の構成（★は本時）

単　元	題　材	授　業
性のトラブルから自分を守る	性被害	「いかのおすし」で自分を守ろう①
		「いかのおすし」で自分を守ろう②
		「いかのおすし」で自分を守ろう③★
	性加害	異性との関わり方を学ぼう①
		異性との関わり方を学ぼう②
		異性との関わり方を学ぼう③
	性加害	「ちかん」に間違われたら

2　授業の説明

(1) 生徒の様子

　高等部1年生の職業科の授業は、生徒の様子に応じてグループ別に行い、本グループは、男子5名、女子3名の計8名からなり、3名の教師で指導・支援に当たっている。

　改まった場面では緊張したり、一斉指導の場面では自分から話すことが難しくなったりするので、個別に言葉をかけて支援することが必要な生徒もいるが、全員が会話でやりとりができる。

　全員が電車やバスを利用して自力通学をしており、放課後に塾に通い帰宅時刻が遅くなる生徒や、休日に繁華街などへ一人で外出する生徒もいる。

(2) 何を理解し、何ができるか～知識及び技能～

　本グループでアンケートを実施したところ、「知らない人に声をかけられたことがある」と回答した生徒が半数いた。不審者への対処法としては、自由記述欄に「大きな声を出して逃げる」等と書いた生徒もいたが、自信をもって答えられる生徒は少数だった。

　本授業では、アンケート結果を基に、警視庁が考案した防犯標語である「いかのおすし」を合言葉として覚え、「行かない・乗らない・大声を出す・すぐ逃げる・知らせる」の行動を具体的に示し、不審者への対処法を学ぶ。

(3) 学んだことをどう使えるか～思考力・判断力・表現力等～

　生徒たちは「いかのおすし」を繰り返し学習し、内容を言葉で理解してきているが、ロールプレイでは、ほとんどの生徒が大声を出すことが難しいことから、より実践的な対処法を身につけられるように、防犯ブザーを鳴らす練習も取り入れる。

　学習を通して、不審者への対処法を身につけ、いざというときに「いかのおすし」を想起し、危険を回避することができる力を養う。

(4) 主体的に学習に取り組むためにどのように学ぶか～学びに向かう力、人間性等～

　計7時間の扱いで、3時間目の本時は、特に「大声を出す(防犯ブザーを鳴らす)」「すぐに逃げる」に重点を置き、ロールプレイでの学習を積み重ねることで、不審者への対処法を学習する。また、自分自身に「い

かのおすし」が身についているかにを自己評価できるように、動画でロールプレイを振り返る。

3 目標・評価（全7時間扱い　1時間：50分）

①不審者について知る。

②不審者への対処法を知る。

③不審者への対処法を考える。

4 本時の指導（3／7時間目）

時間	学習活動	指導・支援について	教材・教具等
導入 6分	①始めの挨拶をする。 ②前時の学習内容を確認する。 ・スライドとワークシートを見て、不審者とその対処法を知る。 ・ワークシートに「いかのおすし」の意味を記入する。	・T1は、テレビで二択問題を出題し、生徒を指名しながらスライドを進め、ワークシートで確認する。 ・掲示ボードに「いかのおすし」の意味を貼り出し、生徒が確認できるようにする。	ワークシート 「不審者とは」部分 掲示ボード ワークシート 「いかのおすし」部分
展開 1 8分	③本時の学習内容を知る。 ④大声を出す練習をする。 ⑤防犯ブザーを鳴らす練習をする。	・T1は、めあて「『お』・『す』をやってみよう」を掲示ボードに提示する。 ・声の大きさをが視覚的にわかるように、iPhoneのアプリを利用する。	めあて iPhone テレビ
展開 2 25分	⑥ロールプレイを行う。 ・指名を受けた生徒はロールプレイを行う。 ・不審者に声をかけられたら、大声を出す、または防犯ブザーを鳴らす。 ・すぐに逃げる。 ・「お」「す」を意識してできたかを、ワークシートを見ながら自分で評価する。 ・見ている生徒はワークシート10-3を使って友達を評価して振り返る。	・生徒は防犯ブザーのついた自分のリュックやかばんを持つように準備する。 ・T1は、一人一人にロールプレイで「お」「す」が実践できていた部分を称賛し、改善点も伝える。 ・T2は、ロールプレイの様子をiPadで撮影し、振り返りの際に、テレビに接続してロールプレイの様子を流す。 ・T3は、不審者役となり、生徒に合わせて、話しかける内容を変えていく。	iPad 場面イラスト ワークシート 「ロールプレイ」部分 防犯ブザー リュック、またはかばん ワークシート「練習問題」部分
振り返り 11分	⑦本時の振り返り・まとめを行う。 ・ワークシート10-5に授業の振り返りを記入し、発表する。 ⑧終わりの挨拶をする。	・知らない人に話しかけられたときは「大声を出す」「すぐ逃げる」が大切であることを確認する。 ・今日の下校から「いかのおすし」を意識していくように伝える。	ワークシート 「今日のまとめ」部分

115

教師用表紙　WS10　性被害

高等部　年（　　グループ）　　　　　　　　　　　　　　　　年　　月　　日

≪職業≫

性のトラブルから自分を守る

—「いかのおすし」で自分を守ろう—

≪本時の目標≫

1　不審者について知る

2　不審者への対処法を知る

3　不審者への対処法を考える

児童生徒・保護者配布用表紙　WS10　性被害

高等部　年（　　グループ）　　　　　　　　　　　　　　年　　月　　日

≪職業≫
性のトラブルから自分を守る
―「いかのおすし」で自分を守ろう―

≪今日の学習内容≫

1　不審者とは、どのような人かを知ろう

2　不審者への対処法を勉強しよう

　①「いかのおすし」で自分を守ろう

　②ロールプレイで練習しよう

3　練習問題をやろう

名前 _____

1 不審者とは
(1) どの人が不審者だと思いますか。

注意！

みんな不審者かもしれません・・・
見た目だけで決めないようにしましょう！

4

（2）　不審者は、どのような場所にいますか。

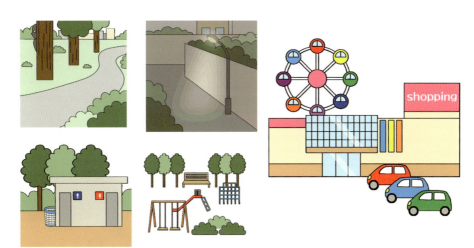

（3）　不審者は、どういうことをしますか。

| 誘拐 | いやがっているのに、連れ去ろうとする。 |

| 痴漢 | 「かくすところ」を触ったり、見せたりする。 |

| 暴力 | なぐったり、けったりする。 |

5

2 不審者(ふしんしゃ)への対処法(たいしょほう)

1 いかのおすしとは‥

（1）いかのおすしの意味(いみ)を書(か)いてみよう。

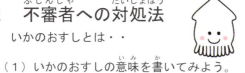

いか	
の	
お	
す	
し	

6

3　ロールプレイをやってみよう

歩いているときに、
知らない人に声をかけられた場面

友だちは、どれができましたか。○をつけてください。

友だちの名前	○をつける		
		お	大声を出す
			防犯ブザーを押す
		す	すぐ逃げる
	ができました。		
		お	大声を出す
			防犯ブザーを押す
		す	すぐ逃げる
	ができました。		
		お	大声を出す
			防犯ブザーを押す
		す	すぐ逃げる
	ができました。		

4 練習問題

こんなとき、どうする？

1 知らない人に、声をかけられた。

正しいのはどっち？
「いか」ない

2 車から声をかけられた。

正しいのはどっち？
「の」らない

3 知らない人から「遊ぼう」とさそわれた。

正しいのはどっち？
「お」お声を出す

4 知らない人からしつこく声をかけられた。

5 すぐに知らせるのはだれ？

5 今日のまとめ

今日は、不審者への対処法として、「いかのおすし」の中で特に「お」と「す」を中心に練習しました。

授業を終えて、自分が≪できる≫と思ったのはどれですか。

下から一つ選んで〇をつけて、その理由を書いてください。

お		す
大声を出す	防犯ブザーの使い方	すぐ逃げる

選んだ理由

10

保護者の方へ
　今日は、防犯ブザーの使い方を含めた不審者への対処法を学習しました。防犯ブザーは、日頃から使い方を練習してください。また、毎月初めには防犯ブザーの作動確認をしましょう。
　通学路も一緒に歩いてみてください。

本日の授業のワークシートです。
ご覧いただきまして、ご意見ご感想をお聞かせください。
　また、ご家庭で工夫していることなどがありましたら、どのようなことでもよいので是非お知らせください。

　　　月　　日（　　）までに担任にご返却ください。

実践編 II 指導略案
異性との関わり方を学ぼう①

高等部　3年　保健体育　学習指導略案

1　題材・単元の構成（★は本時）

単　元	題　材	授　業
性のトラブルから自分を守る	性被害	「いかのおすし」で自分を守ろう①
		「いかのおすし」で自分を守ろう②
		「いかのおすし」で自分を守ろう③
	性加害	異性との関わり方を学ぼう①★
		異性との関わり方を学ぼう②
		異性との関わり方を学ぼう③
	性加害	「ちかん」に間違われたら

2　授業の説明

(1) 生徒の様子

　高等部3年生では、性に関する指導について、保健体育の中で、3グループに分かれて授業を行っている。本グループは、男子12名、女子4名の計16名の生徒からなり、3名の教師で、指導・支援に当たっている。

　簡単な言葉でのやりとりができる生徒や単語での発語がある生徒、身振りや指差しでコミュニケーションできる生徒がいる。身辺的な自立の面でも、身の回りのことをほぼ一人でできる生徒、教師の支援を受けて着替え等に取り組んでいる生徒など、様子は多様である。

(2) 何を理解し、何ができるか～知識及び技能～

　学校生活の様子、保護者からの性に関する聞き取り調査の結果等から、通学や卒業後の社会生活の中での公共の交通機関での利用等を想定し、学校外で起こりやすい異性とのトラブルについてを知る。トラブルの内容や対処方法を具体的に確認していくとともに、異性を正しく理解することや異性との正しい関わり方を確実に身につける。

(3) 学んだことをどう使えるか～思考力・判断力・表現力等～

　異性とのトラブルが起こりやすい場面を想定して、ロールプレイを行い、異性との正しい関わり方、適切な行動、自分を守る行動について考える。卒業後はほとんどの生徒が職場に一人で通勤し、知らない異性と出会う場面が一番多いのが公共交通機関の利用中であることから、トラブルの起こりやすい場面として、公共交通機関の利用中を想定して場面を設定する。

　本時は、公共交通機関や街中で起こりやすい異性とのトラブルにはどんなことがあるかについて確認するとともに、異性とのトラブルは犯罪に間違われることがあることを理解する。

　また、具体的場面として、「電車の中で女性と女性の間が狭く空いている場面」でのロールプレイを行い、正しい行動・自分を守る行動について考える。また、イラストを用いて、男性が女性を触るとトラブルにつながり、警察に補導されることも想定して説明する。

(4) 主体的に学習に取り組むためにどのように学ぶか～学びに向かう力、人間性等～

　本単元は、７時間の計画とし、本時は、実際に異性とのトラブルに巻き込まれやすい場面や行動について理解できるように、DVDやワークシートを活用する。今後の生活に生かしていけるように、トラブルや性犯罪に巻き込まれないような、適切な行動、自分の身を守る行動についてもワークシートに整理する。ワークシートは、家庭でも活用できるように、保護者に確認してもらい、感想や意見を聞きながら改善していく。

3　目標・評価 （全７時間扱い　１時間：50分）

①性加害者となってしまう行動を知る。
②性加害者に間違われないための行動を考える。

4　本時の指導 （4／7時間目）

時間	学習活動	指導・支援について	教材・教具等
導入 5分	①始まりの挨拶をする。 ②本時に学習する内容を、確認する。 ・スライド「異性との関わり～性トラブルから自分を守る～」を見て確認する。	・T1は、本時の学習内容がわかるようにスライドに大きく示し、スライドやワークシートで確認していく。 ・T2、T3は、随時T1の一斉指示で理解が難しい生徒に言葉をかけ、個別にわかりやすく説明する。	ワークシート パソコン
展開 1 20分	③「『異性』とのトラブルとはどのようなこと」の例をワークシートのイラストで確認する。 ・バスや電車、公園などで、トラブルになる原因を確認する。 ・考えをワークシートに記述または選択し、発表する。 ・トラブルが起こると、犯罪と間違えられることがあることを知る。 ・「自分を守る力」を学習していくことを確認する。	・T1は、ワークシートのイラストに注目するように言葉をかける。 ・ワークシートの記入方法は、生徒の様子によって、記述式or選択式とする。 ・生徒が答えにくそうなときは、説明をよく聞くように言葉をかける。 ・ワークシートのイラストを示しながら、トラブルの原因になることを説明する。	ワークシート 「『異性』とのトラブルとはどのようなこと」部分 パソコン DVD※ ワークシート 「異性とトラブルになる原因」部分
展開 2 20分	④ロールプレイ「電車の中で女性と女性の間が狭く空いている。あなたならどうしますか」を行う。 ・スライドやワークシートのイラストを見て場面を想定する。 ・正しいと思う行動をロールプレイで行う。 ・ワークシートを使い、正しい行動を記述または選択する。 ・もし、女性に触れてしまったら、警察に補導されることがあることを確認する。	・ワークシートのような座席のロールプレイの場面を教室内に用意する。 ・T2、T3は、随時T1の一斉指示で理解が難しい生徒に言葉をかけ、個別にわかりやすく説明する。 ・電車の中を想定し、T2、T3が女性役となる。 ・T1は、生徒が正しい行動をとれているか確認する。 ・正しい行動が何かを考えることが難しい生徒がいたら、手本を示しながら説明する。 ・イラストで示しながら説明する。	ワークシート 「電車の中」部分 パソコン DVD 椅子
振り 返り 5分	⑤本時を振り返り、ワークシートやスライドを見て正しい行動を確認する。 ⑥終わりの挨拶をする。	・T1は、ワークシートとスライドで事例を示しながら確認する。	本時で使用したワークシート パソコン

※DVD：「知的障害や自閉症等のある人たちをトラブルから守る～自分で守る・みんなで守る」（NHK厚生文化事業団）

1

教師用表紙　WS11　性加害

高等部　年（　　グループ）　　　　　　　　　　　　　　　　年　　月　　日

≪保健体育≫

性のトラブルから自分を守る
— 異性との関わり方を学ぼう① —

《本時の目標》

1　性加害者となってしまう行動を知る

2　性加害者に間違われないための行動を考える

2

児童生徒・保護者配布用表紙　WS11　性加害

高等部　年（　　グループ）　　　　　　　　　　　　　　年　　月　　日

≪保健≫
性のトラブルから自分を守る
― 異性との関わり方を学ぼう① ―

≪今日の学習内容≫
1　異性とは、どのような人かを知ろう
2　異性とのトラブルの原因は、どのようなことかを知ろう
3　ロールプレイで練習しよう

名前 _____

1 「異性」とのトラブルとはどのようなこと

異性とのあいだで起こるトラブルを考えてみましょう。
今まで勉強してきたことで知っていることを書いてみましょう。

（1） あなたにとって「異性」とはどのような人のことですか。

（2） 異性の人に、してはいけないことはなんですか。

（3） 異性の人が、いやがることをしたら、どうなりますか。

2 異性とトラブルになる原因は、こんなことがあります。

（1）異性の体にふれる。

（2）「かくすところ」を触っている。

（3）電車やバスの中で、女性を見つめる。

（4）人がたくさんいる中でニヤニヤする。

（5）女性のあとをついて歩く。

（1）～（5）やその他の疑われる行動は、とらないように気をつけましょう。

実践編 ⑪ 異性との関わり方を学ぼう① ワークシート、イラスト（CD-ROM 収録）

5

他人の「かくすところ」を触る

他人の「かくすところ」は、絶対に触っては（　　　　　　　　）。
触られた相手は、とてもいやな気持ちになります。

これは犯罪です。絶対にしてはいけません。

人前で自分の「かくすところ」を触っている

人前で自分の「かくすところ」を触るのは（　　　　　　　　）。
見ている人はとてもいやな気持ちになります。

人前で「かくすところ」を触っていると、犯罪になることがあります。

性に関するトラブルから自分を守る力を勉強していきましょう。

3 ロールプレイで練習しよう　（電車の中）

座りたいと思って、車内を見回すと、女性と女性の間が狭くあいていました。

あなたならどうしますか？

トラブルにならないようにするためには、どのような行動をとればよいですか？
（自分を守る行動）

8

保護者の方へ

　今日の学習は、加害者にならないためであると同時に、自立をめざして生きていくための決まりや約束についての学びでした。ご家庭で一緒に外出する際にも、今日学んだことをいかしてください。

　外出の際に気になることがあれば、学校にご相談ください。

本日の授業のワークシートです。
ご覧いただきまして、ご意見ご感想をお聞かせください。
　また、ご家庭で工夫していることなどがありましたら、どのようなことでもよいので是非お知らせください。

　　　月　　日（　）までに担任にご返却ください。

指導略案 異性との関わり方を学ぼう②

高等部　3年　保健体育　学習指導略案

1 題材・単元の構成（★は本時）

単　元	題　材	授　業
性のトラブルから自分を守る	性被害	「いかのおすし」で自分を守ろう①
		「いかのおすし」で自分を守ろう②
		「いかのおすし」で自分を守ろう③
	性加害	異性との関わり方を学ぼう①
		異性との関わり方を学ぼう②★
		異性との関わり方を学ぼう③
	性加害	「ちかん」に間違われたら

2 授業の説明

(1) 生徒の様子

　高等部3年生では、性に関する指導について、保健体育の中で、3グループに分かれて授業を行っている。本グループは、男子12名、女子4名の計16名の生徒からなり、3名の教師で、指導・支援に当たっている。

　簡単な言葉でのやりとりができる生徒や単語での発語がある生徒、身振りや指差しでコミュニケーションできる生徒がいる。身辺的な自立の面でも、身の回りのことをほぼ一人でできる生徒、教師の支援を受けて着替え等に取り組んでいる生徒など、様子は多様である。

(2) 何を理解し、何ができるか〜知識及び技能〜

　学校生活の様子、保護者からの性に関する聞き取り調査の結果等から、通学や卒業後の社会生活の中での公共交通機関の利用等を想定し、学校外で起こりやすい異性とのトラブルについてを知る。トラブルの内容や対処方法を具体的に確認していくとともに、異性を正しく理解することや異性との正しい関わり方を確実に身につける。

(3) 学んだことをどう使えるか〜思考力・判断力・表現力等〜

　前時の学習に引き続き、異性との正しい関わり方について、異性とのトラブルが起こりやすい場面を想定して、ロールプレイを行い、適切な行動・自分を守る行動について考える。卒業後はほとんどの生徒が職場に一人で通勤し、知らない異性と出会う場面が一番多いのが公共交通機関の利用中であることから、トラブルの起こりやすい場面として設定する。

　本時は、具体的場面として「電車やバス等の公共の場で、異性をじっと見つめてしまった場面」及び「電車やバスの中で、定期券を異性の足元に落とした場面」でロールプレイを行い、相手の気持ちを考えたり、正しい行動・自分を守る行動について考えたりする。ワークシート・イラストを用い、どんなトラブルにつながるのか、どのような行動が適切であるかについても考え、これからの社会生活での異性との関わり方につなげていく。

(4) 主体的に学習に取り組むためにどのように学ぶか〜学びに向かう力、人間性等〜

　本単元は、7時間の計画とし、本時は5時間目である。実際に異性とのトラブルに巻き込まれやすい場面

や行動がどのようなものか、具体的に理解できるように、DVDやワークシートを活用する。トラブルや性犯罪に巻き込まれないような、適切な行動、自分の身を守る行動についてもワークシートに記入し、今後の生活に生かしていけるように取り組む。ワークシートは、家庭でも活用できるように、保護者に確認してもらい、感想や意見を聞きながら改善していく。

3　目標・評価（全7時間扱い　1時間：50分）

①性加害者に間違われる行動を知る。
②性加害者に間違われないための行動を考える。

4　本時の指導（5／7時間目）

時間	学習活動	指導・支援について	教材・教具等
導入 5分	①始まりの挨拶をする。 ②前回の学習内容の振り返りと本時の学習内容を知る。 ・スライドやワークシートを見て、前回の性加害者に間違われる行動を発表する。 ・異性とのよりよい関わりや行動を考えることを知る。	・T1は、前回の問題の場面をスライドやワークシートで再確認する。 ・T2・T3は、随時T1の一斉指示で理解が難しい生徒に、個別に説明する。 ・本時の学習内容がわかるようにスライドに大きく示しておく。	ワークシート（前時） パソコン（前時）
展開 1 20分	③「女性をずっと見つめてしまう」行動の例について適切な行動を考える。 ・バスや電車、公園等で異性を見つめていると、どう思われるか、どんなことが起こるかを考え、考えをワークシートに記入または選択し、発表する。 ・DVDの「痴漢に間違われる」を見て、再度、異性をじっと見つめるとどうなるのかを考え、発表する。 ・電車の中、公園やデパート、バスの中など、どこであっても見つめてはいけないことを確認する。 ・見つめないようにするにはどうしたらよいかを考え、ワークシートに記入または選択する。 ・考えを発表する。	・T1は、ワークシートのイラストに注目するように言葉をかける。 ・ワークシートの記入の方法は、実態に応じて、記述式か選択式にする。答えることが難しいときは、これからの説明をよく聞くように言葉をかける。 ・テレビに注目するように言葉をかけ、登場人物の解説をしながら見ていく。 ・ワークシートのイラストを示しながら異性を見つめる行動は、トラブルの原因になることを説明する。 ・T2・T3は、随時T1の一斉指示で理解が難しい生徒に個別に言葉をかけて説明する。	ワークシート「性に関するトラブル」部分 パソコン DVD※
展開 2 20分	④「バスの中で女性の足元に定期券を落としたとき」のロールプレイで適切な行動をとる。 ・スライドやワークシートのイラストを見て、場面を想起する。 ・定期を落とした生徒役になり、どうしたらよいか考え、正しいと思う行動をする。 ・正しい定期券の拾い方について、再度ロールプレイを行い確認する。 ・ワークシートに正しい行動を記述または選択する。 ・異性に触れると、警察に補導されることがあることを確認する。	・ロールプレイの場面を教室内に作り、T2が女性役となり、バスの中を想定したロールプレイを行う。 ・T1は、生徒が正しい方法でロールプレイできているか確認し、必要に応じて、手本を示しながら説明する。 ・イラストで示しながら、正しい定期券の拾い方を説明する。 ・イラストで示しながら説明する。	定期券 椅子 ワークシート「ロールプレイ」部分 パソコン
振り返り 5分	⑤本時の2事例を振り返り、正しい行動をワークシートやスライドで確認する。 ⑥終わりの挨拶をする。	・T1は、ワークシートとスライドで事例を示しながら確認する。	本時で使用したワークシート

※DVD：「知的障害や自閉症等のある人たちをトラブルから守る～自分で守る・みんなで守る」（NHK厚生文化事業団）

1

教師用表紙　WS12　性加害

高等部　年（　　グループ）　　　　　　　　　　　　　　　年　月　日

≪保健体育≫

性のトラブルから自分を守る
― 異性との関わり方を学ぼう② ―

《本時の目標》

1　性加害者に間違われる行動を知る

2　性加害者に間違われないための行動を考える

2

児童生徒・保護者配布用表紙　WS12　性加害

高等部　年（　　グループ）　　　　　　　　　　　　　　　　　年　月　日

≪保健≫
性のトラブルから自分を守る
― 異性との関わり方を学ぼう② ―

> ≪今日の学習内容≫
>
> 1　性のトラブルに巻き込まれないためには、どうしたらよいか考えよう
>
> 2　ロールプレイで練習しよう
>
> 　　＊電車の中で女性の足元に定期券を落としたとき

名前＿＿＿＿＿＿＿＿＿＿＿＿＿＿＿＿＿＿＿＿＿＿＿＿

3

1　性に関するトラブルに巻き込まれないために

女性を見つめてしまう

【デパート】

何をしているんだろう。
きれいな色の服をきているな。
キラキラ光っているのは何だろう。

【公園】

【バス】

【電車】

じっと女性を見つめていると、女性はどのような気持ちになりますか？

じっと見つめているとどうなると思いますか？

4

ＤＶＤの中で、女性をじっと見つめていた男性は、どうなりましたか？

バスや電車の中で、女性を見つめないようにするには どうすればよいですか？
（自分を守る行動）

ＤＶＤで見たように、電車やバスの中だけではなく、公園やデパートなどでも女性を見つめていると、**ちかん**に間違えられることがあります。
　ちかんは、犯罪です。

2 ロールプレイで練習しよう

電車の中で女性の足元に定期券を落としてしまい、拾いたいと思いました。

・あなたなら、どうしますか？

・トラブルにならないようにするためには、どのような行動をとればよいですか？
（自分を守る行動）

6

保護者の方へ

　今日は、ちかんに間違われかねない行動について学びました。また、ロールプレイを通じて、トラブルにならない行動についても体験しました。家でも、「こんなときは、どうしたらよいかな」など、お子さんとやりとりをして、応用がきくように、少しずつ練習の機会を持ってください。外出の際に気になることがあれば、学校にご相談ください。

本日の授業のワークシートです。
ご覧いただきまして、ご意見ご感想をお聞かせください。
　また、ご家庭で工夫していることなどがありましたら、どのようなことでもよいので是非お知らせください。

＿＿＿＿＿＿＿＿＿＿＿＿＿＿＿＿＿＿＿＿＿＿

＿＿＿＿＿＿＿＿＿＿＿＿＿＿＿＿＿＿＿＿＿＿

＿＿＿＿＿＿＿＿＿＿＿＿＿＿＿＿＿＿＿＿＿＿

＿＿＿＿＿＿＿＿＿＿＿＿＿＿＿＿＿＿＿＿＿＿

　　月　　日（　）までに担任にご返却ください。

実践編 13 指導略案 異性との関わり方を学ぼう③

高等部　3年　保健体育　学習指導略案

1　題材・単元の構成（★は本時）

単　元	題　材	授　業
性のトラブルから自分を守る	性被害	「いかのおすし」で自分を守ろう①
		「いかのおすし」で自分を守ろう②
		「いかのおすし」で自分を守ろう③
	性加害	異性との関わり方を学ぼう①
		異性との関わり方を学ぼう②
		異性との関わり方を学ぼう③★
	性加害	「ちかん」に間違われたら

2　授業の説明

(1) 生徒の様子

　高等部3年生では、性に関する指導について、保健体育の中で、3グループに分かれて授業を行っている。本グループは、男子12名、女子4名の計16名の生徒からなり、3名の教師で、指導・支援に当たっている。

　簡単な言葉でのやりとりができる生徒や単語での発語がある生徒、身振りや指差しでコミュニケーションできる生徒がいる。身辺的な自立の面でも、身の回りのことをほぼ一人でできる生徒、教師の支援を受けて着替え等に取り組んでいる生徒など、様子は多様である。

(2) 何を理解し、何ができるか～知識及び技能～

　前時の学習では、通学や卒業後の社会生活の中での公共の交通機関での利用等での異性との適切な「あいだ」のとり方・異性を正しく理解することや異性との正しい関わり方について学習した。本授業では、異性との適切な「あいだ」をとっても、周囲から誤解を受ける可能性があることを踏まえ、周囲の誤解などから生じる異性とのトラブルから自分を守る方法について学ぶ。

(3) 学んだことをどう使えるか～思考力・判断力・表現力等～

　前時と同様に、卒業後はほとんどの生徒が職場に一人で通勤し、知らない異性と出会う場面が多いのが公共交通機関の利用中であることから、トラブルの起こりやすい場面として、公共交通機関の利用中を想定して場面を設定する。

　本時は、周囲の誤解などから生じた異性とのトラブルを具体的な場面として設定し、警察官とのやりとりすることになったロールプレイを行い、トラブルに巻き込まそうになったとき、トラブルに巻き込まれたときに、自分を守る行動について考える。

(4) 主体的に学習に取り組むためにどのように学ぶか～学びに向かう力、人間性等～

　本単元は、7時間の計画とし、本時は6時間目である。実際に異性とのトラブルや性犯罪に巻き込まれた後、警察に補導されたり、事情聴取をされたりすることをDVDやワークシートを使い、理解できるようにしていく。トラブルや性犯罪に巻き込まれたときには信頼できる人に相談できるように、相談する相手をワーク

シートに記入し、今後の生活に生かしていけるように取り組む。ワークシートは、家庭でも活用できように、保護者に確認してもらい、感想や意見を聞きながら改善していく。

3 目標・評価（全7時間扱い　1時間：50分）

①性加害者に間違われないための行動を考える。
②性加害者に間違われたときの対処法を知る。
③性加害者に間違われたときの対処法を考える。

4 本時の指導（6／7時間目）

時間	学習活動	指導・支援について	教材・教具等
導入 5分	①始まりの挨拶をする。 ②前回の復習をする。	・T1は、前回の問題の場面をスライドやワークシートで再確認する。	ワークシート（前時使用） パソコン
展開1 15分	③本時の学習内容を、スライドを見て確認する。 ④ロールプレイ「電車の中で女性の足元に定期券を落としたとき」を行う。	・ロールプレイの場面を作る。 ・T1は、本時の学習内容がわかるようにスライドに大きく示しておく。	パソコン ワークシート 「ロールプレイ」部分
展開2 20分	⑤「警察で質問されたとき」の行動を考える。 ・何を話すか？　自分を守る行動は何かを考え発表する。 ⑥ロールプレイ「何もやっていないのにトラブルに巻き込まれ、警察の人と話をすることになった」を行う。 ・スライドやワークシートのイラストを見て場面を想起する。 ・正しいと思う行動をロールプレイで行う。 ・正しい行動・自分を守る行動について、再度ロールプレイを行う。 ・ワークシートに正しい行動を記入または選択する。 ⑦「相談にのってくれる人」についてワークシートに記入する。	・T2・T3は、随時T1の一斉の指示で理解が難しい生徒に、個別に説明する。 ・ロールプレイの場面を教室内に作り、T1が警官役となり、ロールプレイを行う。 ・T1は、ワークシートのイラストに注目するように言葉をかける。 ・生徒が正しい行動・自分を守る行動でできているか確認し、必要に応じて、手本を示しながら説明する。 ・ワークシートの記入の仕方は実態に応じて、記述式か選択式にし、答えることが難しいときは、説明をよく聞くように言葉をかける。 ・困ったときは信頼できる大人の人を呼ぶことを伝える。	ワークシート 「ロールプレイ」部分 パソコン ワークシート 「性のトラブルに巻きこまれたときの行動」部分
振り返り 10分	⑧本時の事例を振り返り、正しい行動・自分を守る行動をワークシートやスライドを見て確認する。 ⑨終わりの挨拶をする。	・T1は、ワークシートとスライドで示しながら確認する。	本時で使用したワークシート パソコン

145

1

| 教師用表紙　WS13　性加害 |

高等部　年（　　グループ）　　　　　　　　　　　　　　　　　　　年　　月　　日

≪保健体育≫

性のトラブルから自分を守る
― 異性との関わり方を学ぼう③ ―

《本時の目標》

1　性加害者に間違われないための行動を考える

2　性加害者に間違われたときの対処法を知る

3　性加害者に間違われたときの対処法を考える

2

児童生徒・保護者配布用表紙　WS13　性加害

高等部 年（　　グループ）　　　　　　　　　　　　　　　年　月　日

≪保健≫
性のトラブルから自分を守る
― 異性との関わり方を学ぼう③ ―

≪今日の学習内容≫

1　ロールプレイで練習しよう

　①女性の足元に定期券を落としたとき（前回の復習）

　②警察で質問されたとき

2　性のトラブルの巻き込まれたときには、どのような行動を

　とればよいかを学ぼう

名前 _____

1 ロールプレイで練習しよう

（1）女性の足元に定期券を落としたとき

電車の中で女性の足元に定期券を落としてしまい、拾いたいと思いました。

・あなたなら、どうしますか？

・トラブルにならないようにするためには、どのような行動をとればよいですか？
（自分を守る行動）

（2）警察で質問されたとき

自分は何もやっていないのに、トラブルに巻き込まれてしまい、警察の人と話をすることになりました。

・何を話せばよいと思いますか？

・警察の人に自分の気持ちをわかってもらうためには、どのような行動をとればよいですか？（自分を守る行動）

実践編⑬ 異性との関わり方を学ぼう③ ワークシート、イラスト（CD-ROM 収録）

5

2 性のトラブルに巻き込まれたときの行動

≪自分を守る行動≫

〇自分は何もしていないことを、きちんと言いましょう。

〇うまく言えないときは、相談にのってくれる大人の人を呼ぶか呼んでもらいましょう。

相談にのってくれる人の名前を書きだしてみましょう。

【相談にのってくれる人　一覧表】

相談にのってくれる人	名前	電話番号
(例) 母の携帯	〇〇〇　〇〇〇	０９０－〇〇〇〇－△△△△

・相談にのってくれる人はたくさんいます。

・わからないことがあったら、相談しましょう。

6

保護者の方へ
　今日は、万が一、警察などに呼ばれたときにどうするかの対処について学びました。もしものときに、相談に乗ってくれる大人の一覧表も作りました。その一覧表を見て、書き加えることができる方がいらっしゃいましたら、お子さんと一緒に確認しながら、一覧表に書き加えてください。

　本日の授業のワークシートです。
ご覧いただきまして、ご意見ご感想をお聞かせください。
　また、ご家庭で工夫していることなどがありましたら、どのようなことでもよいので是非お知らせください。

　　月　　日（　）までに担任にご返却ください。

実践編 14 指導略案 「ちかん」に間違われたら

高等部 普通科職業コース 職業 学習指導略案

1 題材・単元の構成（★は本時）

単　元	題　材	授　業
性のトラブルから自分を守る	性被害	「いかのおすし」で自分を守ろう①
		「いかのおすし」で自分を守ろう②
		「いかのおすし」で自分を守ろう③
	性加害	異性との関わり方を学ぼう①
		異性との関わり方を学ぼう②
		異性との関わり方を学ぼう③
	性加害	「ちかん」に間違われたら★

2 授業の説明

(1) 生徒の様子

　高等部普通科職業コースは、本校から車で10分程の県立高等学校の中に設置されており、1学年1学級、1学級定員8名、計24名の定員で、高等部卒業後の企業就労を目指している。性に関する指導は、職業科の授業の中で、3学年合同で取り扱っているが、本授業については、男女別に行い、教師2名で指導に当たる。

　全員が音声言語によるコミュニケーションが可能であり、個人差はあるが、設問の難易度を配慮することで、発問に対して答えを述べたり、自分の考えを発表したりすることができる。

　全員が公共の交通機関を使って自力で登下校している。通学中、知らない人に近づこうとしたり、校内で友達の意に沿わない接近をしたり、接し方や誘い方に課題もみられたりする。

(2) 何を理解し、何ができるか～知識及び技能～

　卒業後の社会生活で、公共の交通機関内や街中などでトラブルに巻き込まれないように、ちかんなどに間違われない、適切な行動について学習する。

(3) 学んだことをどう使えるか～思考力・判断力・表現力等～

　生徒同士で自分の考えを発表し、相手の意見を聞き、自らの考えを深め、まとめることができるように、グループワークを取り入れる。意に反してトラブルに巻き込まれてしまったときには、どのような行動をとったらよいかを、自ら考え、行動できる力を養う。

(4) 主体的に学習に取り組むためにどのように学ぶか～学びに向かう力、人間性等～

　本単元は3年間通して、7時間の計画とし、本時は最後のまとめの時間である。

　生徒が、ちかんに間違えられやすい場面やちかんに間違われたときの周囲の対応などを具体的に理解したり考えたりしやすいように、パソコン等を使った動画やプレゼンテーションを活用する。自分の考えをもとに行動できるように、グループワークや発表の後にロールプレイを行うとともに、行動が確実に身につくように、ワークシート等を用いた振り返りを行う。

3 目標・評価（全7時間扱い　1時間：50分）

①性加害者（ちかん）に間違われたときの対処法を考える。

②性加害者（ちかん）に間違われたときに正しい対処ができる。

4 本時の指導（7／7時間目）

時間	学習活動	指導・支援について	教材・教具等
導入 5分	①始まりの授業をする。 ②本時の学習内容を知る。	・キーワードをわかりやすく目立つように掲示する。 ・前時の学習内容を話し、本時は続きの内容であることを伝える。	板書
展開 **1** 15分	③ちかんに間違われたときの行動を考える。（問題1） ・DVD「ちかんにまちがわれる」を視聴する。 ・どのような行動をしたらよかったかを考え、ワークシートに記入する。 ・グループで意見を出し合い、発表する。 ・DVDを再度視聴しながら、トラブル回避方法について知る。	・生徒の反応を注視する。 ・内容を思い出しながら記入できるように、ヒントを出したり、質問したりしながら進める。 ・始めに、一人一人がワークシートに記入した自分の考えを発表し合うようにし、回避方法をグループで考えられるように、「あなたならどうしますか?」等と問いかけながら進める。 ・机間巡視し、意見を出し合うことができているか確認する。 ・グループごとの発表を板書する。 ・生徒の反応を注視し、生徒が発表した意見に照らし合わせながら場面ごとに解説する。	ワークシート「ちかんに間違われたら」部分 パソコン DVD※ 板書
展開 **2** 20分	④警官に疑われたときの行動を考える。（問題2） ・パワーポイントでストーリーを視聴する。 ・どのような行動をしたらよかったかを考え、ワークシートに記入する。 ・グループで意見を出し合い、発表する。 ・ストーリーを再度視聴しながら、トラブル回避方法について知る。 ⑤ワークシート14-2を使い「ちかんに疑われたとき」のロールプレイを行う。 ・5つのポイントを声に出して確認する。	・内容を思い出せるように、ヒントを出したり、質問したりしながら進める。 ・はじめに、ワークシートの内容を発表し合い、回避方法をグループで考えられるように、「あなたならどうしますか?」等と問いかけながら進める。 ・机間巡視し、意見を出し合うことができているか確認する。 ・グループごとの発表を板書する。 ・教師が警官の役になり、生徒に疑われたときの場面を想起させる。 ・ロールプレイで自信をもって言葉にできるように5つのポイントを確認する。	ワークシート「ちかんに間違われたら」部分 パソコン 板書 ワークシート「ロールプレイ」部分
振り返り 10分	⑥学習内容のまとめをする。 ・今日の授業を振り返り、○×問題に取り組む。 ・今日の授業の感想を書く。 ・感想を発表する。 ⑦終わりの挨拶をする。	・机間巡視し、生徒の理解度を確認する。 ・回答しにくそうな様子の生徒には、授業のポイントとなる内容の振り返りについて、わかりやすく伝える。 ・授業で学んだこと、感じたことを記入するように様子を見て支援する。	ワークシート「まとめ」部分

※DVD：「知的障害や自閉症等のある人たちをトラブルから守る〜自分で守る・みんなで守る」（NHK厚生文化事業団）

教師用表紙　WS14　性加害

高等部（普通科職業コース）　　　　　　　　　　　　年　　月　　日

≪職業≫

性のトラブルから自分を守る

—「ちかん」に間違われたら—

≪本時の目標≫

1　性加害者（ちかん）に間違われたときの対処法を考える

2　性加害者（ちかん）に間違われたときに正しい対処ができる

2

児童生徒・保護者配布用表紙　WS14　性加害

高等部普通科職業コース　　　　　　　　　　　　　　　　年　　月　　日

≪職業≫

性のトラブルから自分を守る
—「ちかん」に間違われたら—

≪今日の学習内容≫

1　ちかんに間違われたらどうするか考えよう

2　ちかんに間違われたときの対応をロールプレイで練習しよう

　＊警察で質問されたらどのように答えたらよいか

3　まとめの練習問題をやろう

名前＿＿＿＿＿＿＿＿＿＿＿＿＿＿＿＿＿＿＿＿＿

実践編⓮「ちかん」に間違われたら　　ワークシート、イラスト（CD-ROM収録）

3

1　ちかんに間違（まちが）われたら、どうしますか

　前回（ぜんかい）の授業（じゅぎょう）では、相手（あいて）に疑（うたが）われないように行動（こうどう）することを学（まな）びました。今回（こんかい）は、もし疑（うたが）われてしまったらどのような行動（こうどう）をすればよいかを学習（がくしゅう）しましょう。

問題（もんだい）1　ＤＶＤの男性（だんせい）は、ちかんに間違（まちが）われてしまいました。
　　　　間違（まちが）われたときに男性（だんせい）はどうしたらよかったでしょうか。
　　　　考（かんが）えてみましょう。

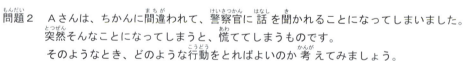

問題（もんだい）2　Ａさんは、ちかんに間違（まちが）われて、警察官（けいさつかん）に話（はなし）を聞（き）かれることになってしまいました。
　　　　突然（とつぜん）そんなことになってしまうと、慌（あわ）ててしまうものです。
　　　　そのようなとき、どのような行動（こうどう）をとればよいのか考（かんが）えてみましょう。

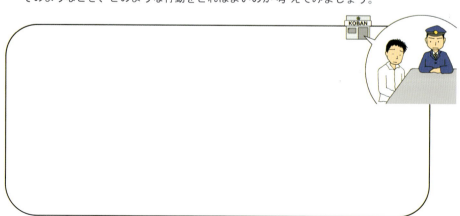

2 ロールプレイで練習しよう

ちかんだと疑われたとき、どのような行動をしたらよいですか？

*『発達障害のある人のための性支援ワークショップ　実施テキスト』
（ＮＰＯ法人ＰａｎｄＡ-Ｊ発行）から一部引用

3　まとめ

≪練習問題≫

下の問題の答えを考えて、〇か×を書きましょう。

1　やっていなくても、相手の言うとおり、「やった」と言う。　□

2　自分がやっていないときは、最後まで「やっていない」と言う。　□

3　ちかんに疑われたら、家族の人などを呼んでもらう。　□

4　悪いことをしたときは、相手にあやまる。　□

5　何を聞かれても、だまって答えない。　□

6　警察官に療育手帳を見せる。　□

7　駅員や警察官が来ても、逃げずに、はっきりと名前や「やっていない」と言う。　□

6

今日、学習したことを
書きましょう。

実践編 ⑭ 「ちかん」に間違われたら　ワークシート、イラスト（CD-ROM収録）

保護者の方へ
　警察に保護された場合、「だれに、どのように」連絡をするのか、日頃からお子さんと決めておいてください。
　ちかんに間違われても逃げないようにということも、あわせてお子さんにお伝えください。

本日の授業のワークシートです。
ご覧いただきまして、ご意見ご感想をお聞かせください。
　また、ご家庭で工夫していることなどがありましたら、どのようなことでもよいので是非お知らせください。

○○に連絡してください。

月　　日（　）までに担任にご返却ください。

コラム

「理念と理想」

　「理念」と「理想」。本書ではこの2つの表現を明確に使い分けています。

　この2つの違いは何でしょうか。その違いは、考え方の方向性にあります。わたしたち日本人は「理想」という考え方は得意な一方で、「理念」という考え方にはあまり慣れていません。

　「理想」は目の前の現実からはじめる考え方です。たとえば、「現実の状況はこうであるが、ゆくゆくはこうなるといいですね」、という考え方です。

　「理念」はわたしたちの頭の中に描くことができる完全な姿からはじめる考え方です。たとえば、「完全な教育はこうであるので、現実の教育を完全なものに少しでも近づけるためにはこうすることにしよう」、という考え方です。

　そうです。第1章にも書きましたが、完全な姿とは、すなわち終着点（end）のことなのです。「終わり」からはじめる性教育という考え方は、理念思考ということになります。

　理念思考は、西欧の人々が得意とする考え方です。たとえば、UN（連合国）が作成したWHO憲法（憲章は誤訳）に書かれている健康の定義を引用してみましょう。

　「健康とは、肉体的、精神的及び社会的に完全に良好な状態であり、単に疾病又は病弱の存在しないことではない。」

　この定義の「完全に（complete）」という表現が理念思考であることを示しています。しかし、こんな完全な状態は現実には絶対にありません。理想思考（現実からはじめる考え方）の人々は、しばしばこの点をあげてこの定義を批判的に扱いますが、実は彼らは理念思考を理解していない可能性があるのです。

　他にもこんな取り組みがWHOヨーロッパによって推進されたことをご存知の方もいらっしゃると思います。「2000年までにすべての人々に健康を！」…この「すべての人々（all）」という表現も理念思考そのものです。わが国ではこのような理念思考の取り組みをかかげると、「できるわけはない、現実を見てみろ」という批判が出ますが、それは理想思考からの批判というわけなのです。

　「complete」とか「all」とかを用いたヨーロッパ発の終わりからはじめる考え方にわたしたちも慣れていきたいものです。

実践編 15 指導略案
思春期の心の変化について知ろう

高等部　普通科職業コース　保健体育　学習指導略案

1　題材・単元の構成（★は本時）

単　元	題　材	授　業
性と健康	性意識	思春期の心の変化について知ろう★
	精通・射精（男子）	思春期の体の成長を知ろう①
		思春期の体の成長を知ろう②
	妊娠・出産	妊娠・出産について考えよう
	家族計画・避妊	現実的な家族計画を考えよう
	性感染症	健康な生活を送るために
	性情報への対処	身近な性に関する情報と向き合うために

2　授業の説明

(1) 生徒の様子

　高等部普通科職業コースは、本校から車で10分程の県立高等学校の中に設置されており、1学年1学級、1学級定員8名、計24名の定員で、高等部卒業後の企業就労を目指している。性に関する指導については、今年度は、3学年合同の保健体育で実施し、教師2名で指導に当たる。

　全員が音声言語によるコミュニケーションが可能であり、個人差はあるが、設問の難易度を配慮することで、発問に対して答えを述べたり、自分の考えを発表したりすることができる。

(2) 何を理解し、何ができるか～知識及び技能～

　思春期を過ごしている生徒たちは、性意識についても、大きく変化する時期を迎えている。この時期は、異性への関心が高まり、同時に、性的な問題についても、興味関心や欲求をコントロールすることが重要となる。

　本単元では、性と健康について、思春期の心の変化と体の成長を知り、異性との適切な人間関係について学習することで、異性同士がお互いを尊重し、励まし合える関係をつくる。

(3) 学んだことをどう使えるか～思考力・判断力・表現力等～

　卒業後の社会生活を健康で安全に送ることができるように、思春期における、性的欲求の高まりとそれをコントロールすることの重要性を学び、異性への関心や性意識の違いについて理解することで、異性と適切に関わり、男女がお互いを配慮した行動ができるようになる。また、自分自身の行動によっては、犯罪につながる可能性があることを知ることで、性的な興味関心や欲求をコントロールすることが大切であることを学習する。

(4) 主体的に学習に取り組むためにどのように学ぶか～学びに向かう力、人間性等～

　全7時間の扱いで性と健康について学び、授業の内容により、必要に応じて男女別に実施したり、授業時間を延長したりする。本時は1時間目に当たる。

　生徒がより集中して取り組めるように、視聴覚機器を活用し、モニターにワークシートの内容やイラスト、重要な部分を映しながら、授業を展開する。

学習に積極的に取り組み、考えをまとめたり振り返ったりしやすいように、ワークシートを使用する。異性との関わり方やどのような行動をとればよいか考えるときには、学びがより深まるように、男女共学のグループで話し合いながら取り組み、他の人の意見を聞いたり、発表し合ったりしながら、自分の考えをまとめていく。

3　目標・評価（全7時間扱い　1時間：50分）

①思春期の異性への関心や性的欲求の高まりについて知る。
②思春期の異性への関心や性的関心の高まりからくる行動と決まりを知る。

4　本時の指導（1／7時間目）

時間	学習活動	指導・支援について	教材・教具等
導入 5分	①始めの挨拶をする。 ②本時の学習内容を知る。	・T1は、様子を見て、姿勢を正し、注目するよう言葉をかける。 ・本時の内容をスライドとワークシートで確認する。	ワークシート パソコン
展開 35分	③異性への関心や性的欲求の高まりについて知る。 ・異性はどちらなのか、ワークシート15-1に記入する。 ・「好きな異性に近づきたくなる」経験があるかワークシート15-2に記入する。 ④異性への関心や性的関心の高まりに対応した適切な行動を知る。 ・ワークシートの「異性とのかかわり」の（1）を見て、どう思うか考え選択する。 ・ワークシート「異性とのかかわり」の（2）を見て、どのように行動すればよいかグループに分かれて考える。 ・AさんBくんの行動について発表する。 ⑤異性とかかわる大切な決まりを確認する。	 ・T1は、思春期になり「異性が気になったり、仲良くしたりする気持ちがあるか」質問する。 ・異性への関心が高まることは、個人差はあるが誰でも起こることを説明する。 ・Aさん、Bくんそれぞれの行動について確認する。 ・友達の意見を否定しないことを確認する。 ・ワークシートに沿って、決まり（ルール）を確認する。犯罪になる可能性があることを伝える。	 ワークシート 「異性とは」部分 ワークシート 「異性への関心」部分 ワークシート 「異性とのかかわり」部分 ワークシート 「大切な決まり」部分
振り返り 10分	⑥本時の内容の感想を記入する。 ⑦終わりの挨拶をする。	・T1は、感想や悩みなど、どんなことでも記入して良いことを説明する。	ワークシート 「学習したこと」部分

教師用表紙　WS15　性意識

高等部普通科職業コース　　　　　　　　　　　　　　　　　　　　年　　月　　日

≪保健体育≫
性と健康
—思春期の心の変化について知ろう—

《本時の目標》

1　思春期の異性への関心や性的欲求の高まりについて知る

2　思春期の異性への関心や性的関心の高まりからくる行動と
　　決まりを知る

児童生徒・保護者配布用表紙　WS15　性意識

高等部普通科職業コース　　　　　　　　　　　　　　　　　　　　年　　月　　日

≪保健≫

性と健康

—思春期の心の変化について知ろう—

> ≪今日の学習内容≫
> 思春期には、異性への関心や性的欲求の高まりがあることを学ぼう

名前＿＿＿＿＿＿＿＿＿＿＿＿＿＿＿＿＿＿＿

3

1 異性とは

それぞれ上段の男子にとっての異性、女子にとっての異性はどちらでしょうか。〇をつけましょう。

思春期になると、異性への関心が高まり、異性のことが気になったり、仲良くしたいという気持ちが強くなったりします。

2 異性への関心

好きな異性に近づきたくなる

好きな異性に近づきたくなる

こんな経験はありませんか

ある	ときどきある	ない	わからない

思春期になると ➡ 大人に近づく心のあらわれ

- 異性のことが気になる
- 特定の異性と親しくなりたい
- 異性の体にふれてみたい

<u>感じ方や強さは、個人差があります</u>

5

3 異性とのかかわり

（1） 次の絵を見て、どう思いますか。○をつけましょう。

① Aさんが、大好きなBくんに、急に抱きついた。

	よい
	わるい
	どちらともいえない
	わからない

② Bくんが、大好きなAさんの後ろに、ぴったりくっついて歩いていた。

	よい
	わるい
	どちらともいえない
	わからない

③ Bくんが、大好きなAさんから返信や返事がないのに、1日に何度も何度もメールやSNSで連絡をした。

	よい
	わるい
	どちらともいえない
	わからない

（2） AさんとBくんは、それぞれどのような行動をとればよいですか。

① Aさんが、大好きなBくんに急に抱きついた。

A	
B	

② Bくんが、大好きなAさんの後ろにぴったりくっついて歩いていた。

A	
B	

③ Bくんが、大好きなAさんから返信や返事がないのに1日に何度も何度もメールやSNSで連絡をした。

A	
B	

だれかを好きになったら、どうしたらいいのでしょうか。
異性を好きになると、1日がとても楽しくなり、生活に活力を与えてくれる面もあります。

しかし、異性とかかわる場合にも、大切な決まり（ルール）があります。

相手がいやがることは、絶対にやってはいけません。

好きな人に抱きついたり、
好きな人のあとを、ついてまわったりしない

異性に近づきすぎたり、触ったりしない

好きな人に、返信や返事がこないのに、何度も何度もしつこく、電話をかけたりメールやSNSで連絡しない

逆に、あなたがされた場合は、
はっきり「やめて」と言いましょう。

8

今日の授業で、学習したことや感想を書いてみましょう。

<u>保護者の方へ</u>
　学校では、異性との関わりについて「抱きつかない、近づきすぎない、しつこくメールをしない」などの学習をしました。学校で学習した「決まり」については、ご家庭でも同じようにアドバイスしてください。困ったことがありましたら、学校にご相談ください。

本日の授業のワークシートです。
ご覧いただきまして、ご意見ご感想をお聞かせください。
また、ご家庭で工夫していることなどがありましたら、どのようなことでもよいので是非お知らせください。

　　　月　　日（　）までに担任にご返却ください。

実践編 16 指導略案

思春期の体の成長を知ろう

高等部　普通科職業コース　保健体育　学習指導略案

1　題材・単元の構成（★は本時）

単　　元	題　　材	授　　業
性と健康	性意識	思春期の心の変化について知ろう
	精通・射精（男子）	思春期の体の成長を知ろう①
		思春期の体の成長を知ろう②★
	妊娠・出産	妊娠・出産について考えよう
	家族計画・避妊	現実的な家族計画を考えよう
	性感染症	健康な生活を送るために
	性情報への対処	身近な性に関する情報と向き合うために

2　授業の説明

(1) 生徒の様子

　高等部普通科職業コースは、本校から車で10分程の県立高等学校の中に設置されており、1学年1学級、1学級定員8名、計24名の定員で、高等部卒業後の企業就労を目指している。性に関する指導については、今年度は、3学年合同の保健体育で実施し、教師2名で指導に当たる。

　全員が音声言語によるコミュニケーションが可能であり、個人差はあるが、設問の難易度を配慮することで、発問に対して答えを述べたり、自分の考えを発表したりすることができる。

(2) 何を理解し、何ができるか〜知識及び技能〜

　思春期を過ごしている生徒たちは、性意識について大きく変化する時期を迎えている。この時期は、異性への関心が高まり、同時に、性的な問題についても、欲求や興味関心をコントロールすることが重要となる。

　本授業では、思春期を過ごしている高等部の男子生徒が、精通・射精のしくみについて学習し、精通は思春期の体の成長の一つであることを理解する。

(3) 学んだことをどう使えるか〜思考力・判断力・表現力等〜

　学校生活・家庭生活・卒業後の社会生活を、健康で安全に過ごせるように、精通・射精が起こったときの対処方法を知り、実際に対処できように、精通・射精は思春期の体の成長の一つであることを知るとともに、射精の欲求をコントロールすることの大切さや、その方法などの対処方法を学ぶ。

(4) 主体的に学習に取り組むためにどのように学ぶか〜学びに向かう力、人間性等〜

　全7時間の扱いで性と健康について学び、精通・射精については、2時間の計画で、男女別に分かれて男子のみで授業を進める。

　1時間目は、主に思春期の体の変化や仕組み、清潔にすることの重要性等について学習する。

　本時は2時間目に当たり、生徒が精通・射精の仕組みを理解しやすいように、精子が実際に動いている映像を見たり、精子が動くスピードや距離を身近なものに例えたりするなど、わかりやすい教材を使用して学習を進める。精通の体験談を取り上げ、どのように対処したらよいのかを自ら考え、実践することを学ぶ。

3 目標・評価 (全7時間扱い　1時間：50分)

①精通・射精について知る。
②精通・射精の対処法について知る。

4　本時の指導 (3／7時間目)

時間	学習活動	指導・支援について	教材・教具等
導入 5分	①始めの挨拶をする。 ②前回の学習内容の復習と本時の学習内容を知る。	・T1は、様子を見て、姿勢を正し、注目するよう言葉をかける。 ・本時の内容をスライドとワークシートで確認できるようにする。	ワークシート パソコン
展開 40分	③精通・射精・自慰についてワークシートの質問に答える。 ④「射精」とは、どういうことなのか知る。 ・精子について知る。 ・精子が動いている映像を見る。 ⑤「精通」とは、どういうことなのか知り体験談を聞いて、どのように対処すればよいか考える。 ⑥「自慰」とは、どういうことなのか知る。 ⑦精子が精巣にたまるとどうなるのか知る。 ⑧「かくすところ」は人前で触らないこと、自慰はしないことを知る。 ⑨人前とはどのようなところか考え、ワークシートに○をつける。 ・人前とはどんな場所か発表する。	・T1は、思春期の体の成長の一つとして射精があり、精液が出ることがあることを、ワークシートを見ながら説明する。 ・精子が動くスピードや移動する距離を説明する。 ・体の成長には個人差があることを説明する。 ・ワークシートの体験談を話し、どうするのがよいのか考えるように説明する。 ・自慰についてワークシートを見ながら説明する。 ・ワークシートのQ＆Aを使って、健康や発達に悪影響を及ぼすことではないことを伝える。 ・前回学習した「『かくすところ』は、見せたり、人前で触ったりしてはいけない」を確認し、それを踏まえて、自慰もしないことを説明する。 ・ワークシートのイラストを見ながら、確認できるようにする。 ・「人前」とは、他の人がいる場所であることを確認する。	ワークシート「質問」部分 パソコン ワークシート 「『射精』とは」「『精通』とは」部分 ワークシート 「『自慰』とは」部分 ワークシート 「人がいるところ」部分
振り返り 5分	⑩本時の内容の感想を記入する。 ⑪終わりの挨拶をする。	・T1は、感想や悩みどんなことでも記入してよいことを説明する。	ワークシート「学習したこと」部分

1

教師用表紙　WS16　精通・射精

高等部普通科職業コース　　　　　　　　　　　　　　　年　　月　　日

≪保健体育≫

性と健康

—思春期の体の成長を知ろう—

《本時の目標》

1　精通・射精について知る

2　精通・射精の対処法について知る

児童生徒・保護者配布用表紙　WS16　精通・射精

高等部普通科職業コース　　　　　　　　　　　　年　　月　　日

≪保健≫

性と健康

—思春期の体の成長を知ろう—

≪今日の学習内容≫
精通・射精について知ろう

名前 _____

実践編 ⑯ 思春期の体の成長を知ろう　ワークシート、イラスト（CD-ROM 収録）

3

≪質問です≫　○をつけてください。

① 精通という言葉を聞いたことがありますか。

　　　　はい　　　　　　いいえ　　　　わからない

② 精通とは、どういうことかわかりますか。

　　　　はい　　　　　　いいえ　　　　わからない

③ 射精という言葉を聞いたことがありますか。

　　　　はい　　　　　　いいえ　　　　わからない

④ 射精とは、どういうことかわかりますか。

　　　　はい　　　　　　いいえ　　　　わからない

⑤ 自慰という言葉を聞いたことがありますか。

　　　　はい　　　　　　いいえ　　　　わからない

⑥ 自慰とは、どういうことかわかりますか。

　　　　はい　　　　　　いいえ　　　　わからない

4

1 「射精」とは、どういうことでしょうか。
　男子では、思春期になると、陰茎が刺激を受けたときや眠っている間に、白い液が出ることがあります。これを、**射精**といいます。この白い液は、精液といい、その中には、精子（命のもと）がふくまれています。

2 「精通」とは、どういうことでしょうか
　はじめての射精を精通といいます。

【体験談】
6年生の時、朝起きたら、パンツがぬれていて、とてもびっくりしました。
おねしょをしてしまったと思ってあわててパンツを洗濯機に入れました。

朝起きて、パンツがぬれていたらどうしますか。

ぬれたパンツをゴミ箱などに捨てる。パンツをはきかえる。	ぬれたパンツを、水洗いしてから洗濯機に入れる。パンツをはきかえる。	ぬれたパンツをそのままはいている。

177

5

3 自慰とは、どういうことでしょう。
　自ら生殖器を刺激して快感を得ようとすることを自慰といいます。
体に悪いことではありません。

≪相談コーナー≫

Q：精子は、射精されない（体の外に出さない）と、どうなりますか。

A：射精されずに体の中にたまった精子は、やがて体の中に吸収されていきます。
　毎日、多くの精子（数千万！）が、体の中で作られますが、
射精で体の外に出されたり、体の中に吸収されたりして
いきます。
　そのどちらでも、体に悪いということはないのです。
　射精や自慰について気になったことは、先生に聞いてみましょう。

人がいるところでは、「かくすところ」をさわりません。

からだの「かくすところ」とは、水着や下着で隠れる部分です。

人がいるところでは、「自慰」は、しません。

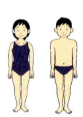

人がいるところとは、どんな場所でしょうか。〇をつけましょう。

教室	公園	自宅のお風呂	自分の部屋	駅	自分の布団の中	バスの中

6

今日の授業で、学習したことや感想を書いてみましょう。

保護者の方へ

　今日は、射精や自慰行為について知り、人のいる場所（人前）では「かくすところ」を触らないという「約束」を学びました。これは家庭内でも同じです。家族がいる場所（家族の前）で、「かくすところ」を触っている場合には、「人のいるところではしませんよ」と言葉がけをして、気付きをうながしてください。

　家の中では、家族の目に付かない場所でと、「約束」をつくるのも良いかもしれません。

　困ったことがありましたら、学校にご相談ください。

　＊汚れた下着については、子供に問わずにそのまま洗ってください。

本日の授業のワークシートです。
ご覧いただきまして、ご意見ご感想をお聞かせください。
　また、ご家庭で工夫していることなどがありましたら、どのようなことでもよいので是非お知らせください。

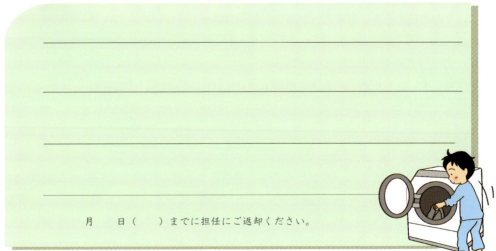

　　　　　　月　　日（　　）までに担任にご返却ください。

実践編 17 指導略案

妊娠・出産について考えよう

高等部 普通科職業コース 保健体育 学習指導略案

1 題材・単元の構成（★は本時）

単 元	題 材	授 業
性と健康	性意識	思春期の心の変化について知ろう
	精通・射精（男子）	思春期の体の成長を知ろう①
		思春期の体の成長を知ろう②
	妊娠・出産	妊娠・出産について考えよう★
	家族計画・避妊	現実的な家族計画を考えよう
	性感染症	健康な生活を送るために
	性情報への対処	身近な性に関する情報と向き合うために

2 授業の説明

(1) 生徒の様子

　高等部普通科職業コースは、本校から車で10分程の県立高等学校の中に設置されており、1学年1学級、1学級定員8名、計24名の定員で、高等部卒業後の企業就労を目指している。

　性に関する指導については、今年度は、3学年合同の保健体育で実施しているが、全生徒に対してアンケート調査を行った結果、性に関する知識の個人差が大きかったことから、本授業については、男子2グループ、女子2グループに分け、性に関する知識の高い男女合同のグループで実施し、教師2名で指導に当たる。

(2) 何を理解し、何ができるか～知識及び技能～

　妊娠の成立や妊娠の経過、胎児がどのくらいの期間でどのくらいの大きさに成長していくのか学び、妊娠・出産について基本的な知識や技能を身につける。

　出産時期について正しく理解できるように、出産予定日を予測する方法についても学習する。

(3) 学んだことをどう使えるか～思考力・判断力・表現力等～

　卒業後の社会生活がより有意義に送れるように、妊娠し出産するには、経済面、生活面を考慮し、現実的に出産できるのか考えて行動することを学ぶ。

(4) 主体的に学習に取り組むためにどのように学ぶか～学びに向かう力、人間性等～

　全7時間の扱いで性と健康について学び、妊娠・出産については、4時間目として、男女合同1時間の扱いで授業を進める。

　妊娠の経過、胎児の成長について、生徒が視覚的にイメージして理解できるように、黒い画用紙に針で穴を空け、受精卵の大きさを示したり、具体的な野菜や果物の大きさで体感できるように提示する。

　出産予定日の予測では、生徒が時間経過をイメージしやすいように、カレンダーを使い、予定日の時期について、「学校では何をしているときなのか」と問いかける等して実生活と関連づけて学習を進めていく。

　また本時は、生徒たちの興味や注目を高め、より主体的に学習に取り組めるように、養護教諭をゲストティーチャーとして呼び、授業を展開する。

3 目標・評価（全7時間扱い　1時間：50分）

①妊娠の成立について知る。

②胎児の成長を知る。

③出産予定日を予測できる。

4 本時の指導（4／7時間目）

時間	学習活動	指導・支援について	教材・教具等
導入 5分	①始めの挨拶をする。 ②本時の学習内容を知る。	・本時の内容をスライドとワークシートで確認できるようにする。	ワークシート パソコン
展開 35分	③「妊娠」について知る。 ・「妊娠」とはどういうことなのかワークシートを見て確認する。 ④「妊娠」かもしれない？状態を知る。 ・どのような場合か、ワークシートに○をつける。 ・妊娠が確実かわかる方法は病院を受診して検査することを知る。 ⑤妊娠の経過について知る。 ・受精卵の大きさを知る。 ・胎児の大きさについて、表を見ながら成長を知る。 ⑥出産について知る。 ・妊娠から出産までの期間はどれくらいなのか考え、ワークシートに記入する。 ・カレンダーを見ながら、38週後の出産予定日を予測し、ワークシートに記入する。	・T1は、ワークシートに沿って説明する。 ・選択した内容について説明し、確実なのは医療機関を受診することであることを説明する。 ・黒い画用紙を使って、受精卵の大きさ示していく。 ・ワークシート「胎児の大きさ」の表を見ながら、実際の大きさを果物で示し、説明していく。 ・妊娠の全期間は約38週であること説明する。^(注) ・カレンダーを見ながら、最終月経の日から出産予定日までを説明する。	ワークシート 「妊娠」部分 穴を空けた黒画用紙 ワークシート 「出産」部分 カレンダー
振り返り 10分	⑦本時の内容の感想を記入する。 ⑧終わりの挨拶をする。	・T1は、感想や悩みどんなことでも記入してよいことを説明する。	ワークシート 「学習したこと」 部分

注）「約38週」は現行の小学校理科（5年生）の教科書から引用しています。

教師用表紙　WS17　妊娠・出産
高等部普通科職業コース　　　　　　　　　　　　　　　　　年　　月　　日

≪保健体育≫

性と健康

―妊娠・出産について考えよう―

《本時の目標》

1　妊娠の成立について知る

2　胎児の成長を知る

3　出産予定日を予測できる

2

児童生徒・保護者配布用表紙　WS17　妊娠・出産

高等部普通科職業コース　　　　　　　　　　　　　　　　　　年　　月　　日

≪保健≫

性と健康

―妊娠・出産について考えよう―

≪今日の学習内容≫
1　妊娠とは、どういうことかを学ぼう
2　妊娠から出産までの胎児の成長を学ぼう
3　出産予定日を予測してみよう

名前＿＿＿＿＿＿＿＿＿＿＿＿＿＿＿＿＿＿＿＿＿

実践編 ⑰ 妊娠・出産について考えよう　ワークシート、イラスト（CD-ROM 収録）

3

1　妊娠

（1）妊娠とは、どういうこと

　　　思春期になり、月経や射精が起こるようになるということは、新しい生命を生みだす準備が始まったということです。

　　　女性の卵子と男性の精子によって、新しい生命が誕生します。

　　　男性の精子が女性の膣内で放出されて、卵子と結合すると受精卵になります。
　　　受精卵が卵管から子宮に入り、子宮内膜に着床すると、妊娠が成立します。

　　<u>1回の性交によって、妊娠することがあります。</u>

（2）妊娠したと確実に分かるのは、どのような場合ですか。○をつけましょう。

お腹が大きくなる	妊娠検査薬で陽性	食欲がなくなる
月経が止まる	体温が高くなる	医療機関で検査をする

　　＊　妊娠すると、月経は止まります。

　　＊　妊娠を確実に判定するのは、医療機関を受診することです。

4

(3) 妊娠の経過

受精卵は、着床し胎児となり、どんどん成長していきます。

① 受精卵の大きさ

受精卵の大きさは、0．1mmといわれています。

0．1mmは、どれくらいの大きさでしょうか。

【実験】
・黒い画用紙に、針で小さな穴をあける。
・普通に見ると、全く気が付かない。
・透かして見ると、穴が分かる。

小さな、受精卵はどんどん成長し、約38週間で赤ちゃんが生まれます。

≪受精卵・胎児の大きさ≫

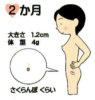

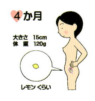

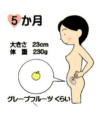
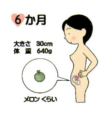
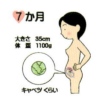

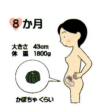

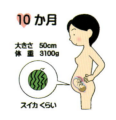

2 出産

受精卵は、だんだん大きくなり約38週間で赤ちゃんが生まれてきます。

問題： 今日、受精した場合、赤ちゃんが生れるのはいつごろでしょう。

① 今日は

　　　年　　月　　日

② カレンダーを見ながら、38週間後を確認しましょう。

38週間後は　　　年　　月　　日

③ 38週間後は、学校では何をしている頃でしょう。

6

今日の授業で、学習したことや感想を書いてみましょう。

<u>保護者の方へ</u>
　妊娠したらすぐに出産するわけではなく、妊娠から出産までには少し時間がかかるということを機会があれば教えてください。

本日の授業のワークシートです。
ご覧いただきまして、ご意見ご感想をお聞かせください。
また、ご家庭で工夫していることなどがありましたら、どのようなことでもよいので是非お知らせください。

　　　月　　日（　　）までに担任にご返却ください。

実践編 18 指導略案

現実的な家族計画を考えよう

高等部　普通科職業コース　保健体育　学習指導略案

1　題材・単元の構成（★は本時）

単　元	題　材	授　業
性と健康	性意識	思春期の心の変化について知ろう
	精通・射精（男子）	思春期の体の成長を知ろう①
		思春期の体の成長を知ろう②
	妊娠・出産	妊娠・出産について考えよう
	家族計画・避妊	現実的な家族計画を考えよう★
	性感染症	健康な生活を送るために
	性情報への対処	身近な性に関する情報と向き合うために

2　授業の説明

(1) 生徒の様子

　高等部普通科職業コースは、本校から車で 10 分程の県立高等学校の中に設置されており、1 学年 1 学級、1 学級定員 8 名、計 24 名の定員で、高等部卒業後の企業就労を目指している。

　性に関する指導については、今年度は、3 学年合同の保健体育で実施しているが、全生徒に対してアンケート調査を行った結果、性に関する知識の個人差が大きかったことから、本授業については、男子 2 グループ、女子 2 グループに分け、性に関する知識の高い男女のグループで実施し、教師 2 名で指導に当たる。

(2) 何を理解し、何ができるか〜知識及び技能〜

　高等部段階の生徒たちはまだ社会的責任を十分にとれない存在であり、性感染症を防ぐという観点からも、生徒たちの性行為については適切ではないという基本的なスタンスに立って指導する。

　卒業後の社会生活・職業生活の中で、家族をもち、必要に応じて適切な家族計画を立てることができるように、家族計画の考え方、避妊について学習し、人工妊娠中絶と健康、その問題点を理解する。

(3) 学んだことをどう使えるか〜思考力・判断力・表現力等〜

　生徒自身が、卒業後の社会生活・職業生活における社会的条件や経済的条件を考え、家族計画を立てることができ、自発的に妊娠しないための行動がとれるようになることを目標にする。

　また、妊娠や体の変化に気がついたときに、どのような行動をとればよいのかについても学習し、保護者や教師、医療機関に相談することができるようになる。

(4) 主体的に学習に取り組むためにどのように学ぶか〜学びに向かう力、人間性等〜

　全 7 時間の計画で、本時は 5 時間目に当たり、生徒自身が今の自分に当てはめて将来のことを考えることができるように、妊娠・出産し子どもを育てていくための社会的、経済的条件などの具体例を挙げ、説明し、一人一人が自分のこととして考えながら表に当てはめて学習を進める。

　男女共学で話し合いや意見交換をしながら学習していくことで、男女それぞれができることや、家族計画はパートナーと話し合って立てていくことが大切であることを学ぶ。十分な話し合いの時間を確保し、一人一人がしっかり意見のやりとりをして考えていけるように、時間を延長して実施する。

また、本時は困ったときの相談相手の一人である養護教諭をゲストティーチャーとして授業を展開する。

3 目標・評価（全7時間扱い 本時のみ1時間：70分）

①家族計画の考え方を知る。

②避妊について知る。

③人工妊娠中絶と健康について知る。

4 本時の指導（5／7時間目）

時間	学習活動	指導・支援について	教材・教具等
導入 5分	①始めの挨拶をする。 ②本時の学習内容を知る。	・T1は、様子を見て、姿勢を正し、注目するよう言葉をかける。 ・本時の内容をスライドとワークシートで確認できるようにする。	ワークシート パソコン
展開 55分	③家族計画について知る。 ④高校生の今、妊娠して、出産するとしたら、社会的・経済的な面はどうなのか考えて、ワークシートに○をつける。 ⑤妊娠の可能性があったら、どうするか？を考える。 ・グループで「誰に相談すればいいか」について話し合う。 ⑥避妊について考える。 ・妊娠を望まない場合は、避妊法があること、1回の性交で妊娠することがあること、100％確実な避妊法はないことを知る。 ・避妊方法を知る。 ⑧人工妊娠中絶について知る。 ⑨妊娠をしないためにとるべき行動を考えワークシートに記入する。 ・グループごとに発表し合い、意見を交換する。	・T1は、ワークシートに沿って説明する。 ・ワークシートの社会的・経済的条件について説明する。 ・相談することが大切であることを説明する。 ・避妊法について、ワークシートの写真を見て、特徴や欠点ついて説明する。 ・100％確実な避妊法はないことを説明する。 ・避妊することが大切であることを説明する。 ・母体保護法で人工妊娠中絶ができる期間（21週6日まで）が決まっていること、問題点について説明する。 ・高校生の今、社会的・経済的条件を考えると、性交をしないことが確実な方法であることを説明すると同時に、高校生の性交が適切でないことを伝える。 ・T1・T2は、巡回し、必要に応じて、助言する。	ワークシート 「家族計画」部分 ワークシート 「妊娠したらどうしますか」部分 ワークシート 「避妊とは」部分 ワークシート 「人工妊娠中絶と健康」部分
振り 返り 10分	⑪本時の内容の感想を記入する。 ⑫終わりの挨拶をする。	・T1は、感想や悩みどんなことでも記入してよいことを説明する。	ワークシート 「学習したこと」部分

| 教師用表紙　WS18　家族計画・避妊 |

高等部普通科職業コース　　　　　　　　　　　　　　　　　年　　月　　日

≪保健体育≫

性と健康

—現実的な家族計画を考えよう—

《本時の目標》

1　家族計画の考え方を知る

2　避妊について知る

3　人工妊娠中絶と健康について知る

児童生徒・保護者配布用表紙　WS18　家族計画・避妊

高等部普通科職業コース　　　　　　　　　　　　　年　　月　　日

≪保健≫

性と健康

—現実的な家族計画を考えよう—

≪今日の学習内容≫
1　家族計画とは、どういうことかを学ぼう
2　予期しない妊娠を避けるためには、どうしたらよいかを学ぼう
3　人工妊娠中絶と健康について学ぼう
4　妊娠しないためには、どのような行動をとればよいかを学ぼう

名前 _____

実践編 ⑱ 現実的な家族計画を考えよう　ワークシート、イラスト（CD-ROM 収録）

3

1　家族計画とは、どういうことか

（1）家族計画とは

子どもを何人つくるか、いつつくるかを考えることを家族計画といいます。

将来どんな仕事について、どれだけ給料を得て、生活をどのように送るのかを家族とよく話し合った上で、**現実的な家族計画**を立てるようにしましょう。

あなたが今、妊娠して赤ちゃんを産む場合、社会的・経済的条件を考えてみましょう。あてはまる項目に〇をつけましょう。

社会的条件	学校に通学できる	働くことができる	福祉サービスを受けることができる
経済的条件	生活費がある 食費や光熱費など	住居がある 家族で住む家、家賃	養育費がある 赤ちゃんのおむつ代、ミルク代

4

(2) 妊娠したらどうしますか

　もし、あなたやあなたの彼女が妊娠したらどうしますか。

　下のイラストを見ながら考えてみましょう。

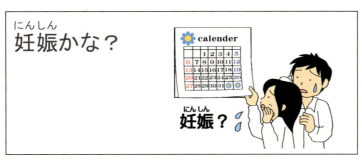

2 避妊とは

現実的な家族計画を考える

⬇

予期しない妊娠をしないために

避　妊

≪避妊法≫

低用量ピル	コンドーム
【特徴】 ・女性ホルモンを調節して排卵をおさえる ・避妊効果が高い ・医師の処方が必要 【欠点】 ・医師の処方が必要 ・毎日服用しなければならない	【特徴】 ・陰茎に装着して、精液を膣内に出さない ・比較的安価で、購入しやすい 【欠点】 ・避妊効果が高いとはいえない 　＊コンドームが外れて精液が膣内にもれる 　＊コンドームが爪などで破れる　　など

・1回の性交で妊娠することがある
・性交をした場合には、100％確実な避妊方法はない
・性交しなければ、絶対に妊娠しない

あなたやあなたの彼女が妊娠しないためには、どうしたらよいですか。

3 人工妊娠中絶と健康

（1）人工妊娠中絶とは

〇人工的（手術などによって）に、胎児を母体外に排出させることです。法律（母体保護法）で特別な理由の場合のみ（妊娠21週6日まで）認められています。

① 妊娠の継続・分娩が身体的・経済的理由により母体の健康をいちじるしく害するおそれがある場合

② 暴行や脅迫などによって妊娠した場合

〇妊娠22週以降は、理由にかかわらず産むことになります。

（2）人工妊娠中絶の問題と健康

人工妊娠中絶は、心と体に大きな影響を与えます。中絶を行う時期が遅いほど、体に負担をもたらすことがわかっています。

（3）人工妊娠中絶を避けるために

<u>予期しない妊娠をしないためには、避妊をする</u>

⇩

* 性交をした場合には、100％確実な避妊方法はない。
* 性交しなければ、絶対に妊娠しない。
* 高校生の性行為は、適切ではない。

あなたやあなたの彼女がとるべき行動は、どのようなことでしょうか。
思いつくことを書いてみましょう。

実践編 ⓲ 現実的な家族計画を考えよう　ワークシート、イラスト（CD-ROM 収録）

7

今日の授業で、学習したことや感想を書いてみましょう。

保護者の方へ

　学校では、「高校生の性行為は適切ではない」と伝えました。ご家庭でも「高校生は、性行為をしない」ということをしっかりと伝えてください。
　生理用品の減り方にも気を配ってください。生理用品の減り方等で気になることがありましたら、学校にご相談ください。

本日の授業のワークシートです。
ご覧いただきまして、ご意見ご感想をお聞かせください。
　また、ご家庭で工夫していることなどがありましたら、どのようなことでもよいので是非お知らせください。

　　　　月　　日（　　）までに担任にご返却ください。

コラム

「思春期とは何か」

　ヒト以外の動物にも「思春期」がある、と言ったら驚かれるでしょうか。

　ヒトにも人以外の動物にも当てはまる思春期は、puberty といいます。人間を中心とした考え方の思春期は、adolescent といいます。英語圏の人々はこの 2 つを使い分けています。日本語には、「思春期」という言葉 1 つしかありませんので、過去にはこれらを「前期思春期／後期思春期」とか、「思春期／青年期」とかの訳が割り当てられていましたが、実はどちらも正解ではなく、正しくは「動物の思春期／人間の思春期」なのです。

　動物の思春期（puberty）とは、体が子どもから成年になる間の期間をさしており、具体的には生殖器・生殖機能の成熟直前を指します。人間の思春期（adolescent）とは、社会的な動物といわれるように、社会的に子どもから成年になる間の期間をさしています。簡単にいいますと、思春期には身体的成熟過程と社会的成熟過程（こちらは人間中心）があるということになります。

　身体的成熟過程の期間はそれほど長くなく（数年間）、一方、社会的成熟過程の期間はどんどん伸びています（10 年以上）。人間も動物です。まず身体的成熟がやってきます。それを契機に時間をかけて社会的成熟を遂げていきます。身体的成熟への対応は"一過性"といってもよいものですが、時間が長くかかる社会的成熟を後押しするのも性教育の役割です。校種・学部を通じた取り組みが求められます。

　ちなみに社会的成熟の鍵となるのは、「変化への対応」「先延ばしへの対応」そして「失敗への対応」だと筆者は考えています。たとえば、保護者との入浴を例（いつまでも親と一緒に入って洗ってもらいたい）にすると、「先延ばしへの対応」という考え方から、社会的成熟をとげる支援はどうあればよいかを考えられるでしょう。

実践編 19 指導略案

健康な生活を送るために

高等部　普通科職業コース　保健体育　学習指導略案

1　題材・単元の構成（★は本時）

単　元	題　材	授　業
性と健康	性意識	思春期の心の変化について知ろう
	精通・射精（男子）	思春期の体の成長を知ろう①
		思春期の体の成長を知ろう②
	妊娠・出産	妊娠・出産について考えよう
	家族計画・避妊	現実的な家族計画を考えよう
	性感染症	健康な生活を送るために★
	性情報への対処	身近な性に関する情報と向き合うために

2　授業の説明

(1) 生徒の様子

　高等部普通科職業コースは、本校から車で10分程の県立高等学校の中に設置されており、1学年1学級、1学級定員8名、計24名の定員で、高等部卒業後の企業就労を目指している。

　性に関する指導については、今年度は、3学年合同の保健体育で実施しているが、全生徒に対してアンケート調査を行った結果、性に関する知識の個人差が大きかったことから、本授業については、男子2グループ、女子2グループに分け、性に関する知識の高い男女のグループで実施し、教師2名で指導に当たる。

　高等部段階の生徒たちは、まだ社会的責任を十分にとれない存在であり、性感染症を防ぐという観点からも、生徒たちの性行為は適切ではないという基本的なスタンスに立って指導する。

(2) 何を理解し、何ができるか〜知識及び技能〜

　性感染症とは何かを知り、症状には、性器や性器の周りに腫れや痛みが出てくることや、おりものの増加、排尿痛があることを学習する。

　また、症状があまり出ない性感染症も多くあり、気がつかないうちに感染を広めてしまう可能性があることを知る。性感染症は自然に治ることがないので、病院に行くことが大切であることを知る。

(3) 学んだことをどう使えるか〜思考力・判断力・表現力等〜

　性感染症が疑われたときに、具体的にどのような行動をとればよいのかを学ぶ。健康な社会生活を送ることができるように、感染の原因や感染経路、予防方法、治療にはどのような対応をすればよいのかを正しく理解し、社会人としての行動を考える。

(4) 主体的に学習に取り組むためにどのように学ぶか〜学びに向かう力、人間性等〜

　全7時間の計画で、本時は6時間目に当たり、生徒が自分の問題として具体的にイメージしやすいように、まず、身近な感染症、インフルエンザの症状や治療法、予防法を例に挙げて確認し、性感染症も同じように症状があり、治療法、予防法があることを学習する。

　また、インフルエンザはマスクで予防することと同様に、性感染症の予防には、避妊具を使用するなどわかりやすい例を挙げて学習を進める。

生徒が自らのこととして考え、わからないこと、知りたいことがあればすぐに解決できるように、養護教諭をゲストティーチャーとして、性感染症について詳しく説明し、生徒たちの質問にその場で答えるようにする。

3　目標・評価（全7時間扱い　1時間：50分）

①性感染症の症状を知る。
②感染が疑われたときの行動を考える。

4　本時の指導（6／7時間目）

時間	学習活動	指導・支援について	教材・教具等
導入 5分	①始めの挨拶をする。 ②本時の学習内容を知る。	・T1は、様子を見て、姿勢を正し、注目するよう言葉をかける。 ・本時の内容をスライドとワークシートで確認できるようにする。	ワークシート パソコン
展開 35分	③感染症とはどのような病気なのか知る。 ・ワークシート1の問いに記入する ・マスクの予防効果について確認する。 ④性感染症の症状について知る。 ・ワークシート2の問いについて考え、○をつける。 ⑤性感染症の治療について知る。 ・性感染症にかかってしまったときは治療が必要なので、どうすればよいかワークシートに記入する。 ⑥性感染症に繰り返しかかってしまった事例について、対処法を考える。 ⑦性感染症の予防方法を知る。 ・ワークシートのイラストを見て、性感染症の疑いのある人考え、○で囲む。 ・予防方法を考えて、ワークシートに記入する。	・ワークシートとスライドを提示しながら、症状、治療、予防について説明する。 ・治療と予防が大切なことを繰り返す。 ・性感染症は症状が出ないものも多く、知らないうちに他の人に感染させてしまうことがあることを説明する。 ・医療機関で治療しなくては治らないことを説明する。 ・感染しているのは、自分だけではないこと、相手も同時に治療しなくてならないことを説明する。 ・医療機関について男女によって受診する科が異なることを説明する。 ・ワークシートのイラストを使い、どのように広がっていくか、誰が感染しているかわからないことを説明する。 ・具体的な予防方法について説明する。 ・性的接触をしないことが一番有効な予防方法であることを説明する。	ワークシート「感染症への対応」部分 ワークシート「症状」部分 ワークシート「治療」部分 ワークシート「予防」部分
振り返り 10分	⑧本時の内容の感想を記入する。 ⑨終わりの挨拶をする。	・T1は、感想や悩みどんなことでも記入してよいことを説明する。	ワークシート「学習したこと」部分

教師用表紙　WS19　性感染症

高等部普通科職業コース　　　　　　　　　　　　　　　　　　年　　月　　日

≪保健体育≫

性と健康
―健康な生活を送るために―

≪本時の目標≫

1　性感染症の症状を知る

2　感染が疑われたときの行動を考える

2

児童生徒・保護者配布用表紙　WS19　性感染症

高等部普通科職業コース　　　　　　　　　　　　　年　月　日

≪保健≫

性と健康

―健康な生活を送るために―

≪今日の学習内容≫

1　感染症について考えよう

　　　インフルエンザについて考えてみよう

2　性感染症について学ぼう

　　①性感染症の症状を知ろう
　　②感染が疑われたときは、どうしたらよいかを学ぼう
　　③性感染症を予防するには、どうしたらよいかを学ぼう

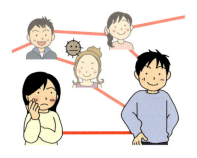

名前＿＿＿＿＿＿＿＿＿＿＿＿＿＿＿＿＿

1　感染症への対応

（1）感染症とは

病原体がもとになって起こる病気を**感染症**といいます。

（2）インフルエンザの症状

インフルエンザにかかったときは、どのような症状がありますか。

（3）インフルエンザの治療

インフルエンザにかかったときには、どのように治しますか。

（4）インフルエンザの予防

インフルエンザの予防に効果があるものすべてに〇をつけてください。

【マスクの効果】

マスクには、次の2つの役割があります。
① せきやくしゃみなどで病原体がまわりに飛び散るのを防ぐ
② 病原体が鼻や口から入ってくるのを防ぐ

2 性感染症への対応

(1) 性感染症とは

性感染症とは、**性的な接触**によって感染する病気のことです。

(2) 性感染症の症状

性感染症の症状と思われるものに○をつけましょう。

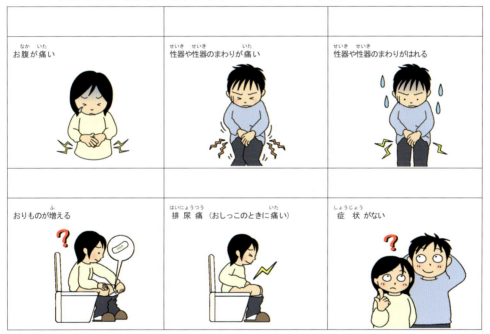

性感染症は、症状がないものも多い

感染していることに気がつかないで、<u>知らないうちに他の人に感染させてしまうこと もあります。</u>

（3）性感染症の治療

性感染症は、自然に治ることはありません。

性感染症は、自然に治ることはありません。どうすればよいでしょうか。
思いつくことを書いてみましょう。

問題：Aさんは、性感染症にかかって症状があったので、病院に行きました。
しかし、また性感染症にかかってしまいました。どうすればよいでしょうか。
思いつくことを書いてみましょう。

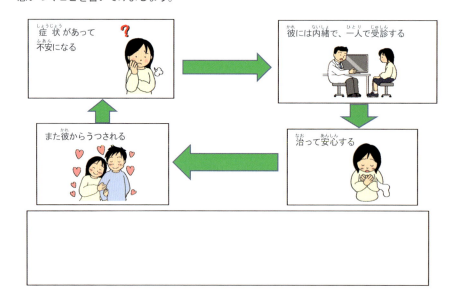

感染の不安があるときや症状があるときは、できるだけ早く医療機関（女性は、婦人科。男性は、泌尿器科）で検査や治療を受けることが必要です。
ただし、自分だけ治療して治っても相手が感染していれば、繰り返し感染します。
自分も相手も同時に治療を受けることが必要です。

（4）性感染症の予防

性感染症に感染している人とのたった1度の性的接触でも、性感染症にかかる可能性があります。

次のイラストで、性感染症にかかっている人やかかっているかもしれない人を○で囲みましょう。＊Aさんが、性感染症にかかっていることはわかっています。

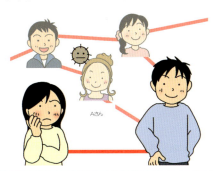

* 誰が感染しているかわからない。
* 不特定多数の人と性的接触をすると、性感染症に感染する危険が高くなる。

性感染症にかからないようにするためには、どのようにすればよいでしょう。
思いつくことを書いてみましょう。

≪予防≫
① 性的接触をしないことが最も有効です。
② 感染の危険を少なくするために、コンドームを正しく使用することは有効です。

実践編 ⑲ 健康な生活を送るために　ワークシート、イラスト（CD-ROM 収録）

7

今日の授業で、学習したことや感想を書いてみましょう。

保護者の方へ

　お子さんに、体の症状（不快感や痛みなど）があるときや性感染症の疑いの心配などがあるときには、まず学校にご相談ください。必要に応じて、婦人科や泌尿器科などにつなぎます。どちらの診療科もいろいろな症状を診ています。様々な対応ができますので安心してください。

本日の授業のワークシートです。
ご覧いただきまして、ご意見ご感想をお聞かせください。
また、ご家庭で工夫していることなどがありましたら、どのようなことでもよいので是非お知らせください。

　　　月　　日（　）までに担任にご返却ください。

コラム

「教師と教員」

　本書では、学校の先生を「教員」ではなく、「教師」として表記しています。

　教員とは、文字通り集団の一員の意味です。船員や銀行員、会社員、事務員と同じレベルの言葉であり、「員」が意味を持つのです。「教員」にあるのは、一人一人の先生の個性ではなく、教育にあたる一員としての機能です。

　では教師とは何でしょうか。その鍵は「師」にあります。「師」がつく職業を思い浮かべてください。調理師、美容師、医師、中にはペテン師や詐欺師という職業？もあります（弁護士は「師」ではありません）。実はこの「師」は弟子をとる存在ということなのです。言い換えれば、師弟関係を持つ職業です。「門下生」とか「お弟子さん」とか、そんなイメージのぴったりくる職業であり、徒弟制度的な感じの職業です。

　教師に、徒弟制度とか、門下生とか、今どきは馴染まないとは思いますが、平たくいえば、これらは「あなたは私の先生です！」という存在（決してクラスの先生と生徒という契約関係ではない）がいるということなのです。教えてくれる先生に「先生のような生き方をしたい」とか「先生のように学んでみたい」とか「先生のように一所懸命取り組みたい」とか、そんな将来の思いを子どもに抱かせる存在が教師なのです。

　教員採用試験に合格すれば、全ての人が「教員」となります。そしてその中の限られた者が「教師」となっていきます。別の言い方をすれば、「教師」は自分の意志でなることはできない存在です。そこに必要なのは子どもの思いであり、それを偶然に生み出してしまうような"先生と子どもとの関わり"なのです。

　「教師」とは、子どもの中に"将来（ゆめ）"を生み出す存在です。本書は、千葉県立柏特別支援学校の「教師」たちによって編集・作成されました。この本書を全国の「教師」、そして若き「教師を目指す先生」たちに届けたいと思い、このコラムを書かせていただきました。

実践編 20 指導略案
身近な性に関する情報と向き合うために

高等部　普通科職業コース　保健体育　学習指導略案

1 題材・単元の構成 （★は本時）

単　　元	題　　材	授　　業
性と健康	性意識	思春期の心の変化について知ろう
	精通・射精（男子）	思春期の体の成長を知ろう①
		思春期の体の成長を知ろう②
	妊娠・出産	妊娠・出産について考えよう
	家族計画・避妊	現実的な家族計画を考えよう
	性感染症	健康な生活を送るために
	性情報への対処	身近な性に関する情報と向き合うために★

2 授業の説明

(1) 生徒の様子

　高等部普通科職業コースは、本校から車で10分程の県立高等学校の中に設置されており、1学年1学級、1学級定員8名、計24名定員で、高等部卒業後の企業就労を目指している。本授業の性に関する指導については、3学年合同の保健体育で実施し、教師2名で指導に当たる。

　全員が音声言語によるコミュニケーションが可能であり、個人差はあるが、設問の難易度を配慮することで、発問に対して答えを述べたり、自分の考えを発表したりすることができる。

　全生徒に対してアンケート調査を行った結果、約77％の生徒がスマートフォンを所有していた。

(2) 何を理解し、何ができるか〜知識及び技能〜

　スマートフォンが普及した現在、生徒たちは、通話やメールだけでなく、インターネットへアクセスすることで、世界中の情報を容易に入手することが可能となっている。

　高校生の性に対する意識は、このような情報化社会の影響を大きく受けており、性に関する情報の入手も容易であることから、性の被害者にも加害者にもなりやすくなっているといえる。

　本授業では、情報化社会で身の回りには多くの性情報があることを知るとともに、その性情報が性の被害や加害の危険につながることを学習する。

(3) 学んだことをどう使えるか〜思考力・判断力・表現力等〜

　スマートフォン等で容易に入手できる情報の中には様々な危険な情報が存在し、間違った性情報も含まれていることを具体的に学ぶ。

　また、様々な情報に対して、情報の特徴や具体的な例、事件例などを学ぶことで、生徒自らが、必要な情報の選択と、適切な行動の判断ができる力を養う。

(4) 主体的に学習に取り組むためにどのように学ぶか〜学びに向かう力、人間性等〜

　全7時間の計画で、本時は最後の7時間目に当たる。情報化社会では身近に危険が多く存在することを実際に感じ取ることができるように、実際にスマートフォンに送られてくる危険性のあるメールを例に挙げて学習する。

出会い系サイトの危険性についても自分のこととして理解し、利用の危険を回避できるように、ワークシートのフローチャートを利用したり、出会い系サイトのトラブルを扱った映像教材も使用したりしながら、学習を進める。

3　目標・評価（全7時間扱い　1時間：50分）

①身の回りには、多くの性情報があることを知る。
②危険な性情報があることを知る。
③性情報に対する適切な行動を考える。

4　本時の指導（7／7時間目）

時間	学習活動	指導・支援について	教材・教具等
導入 10分	①始めの挨拶をする。 ②本時の学習内容を知る。 ・性に関する情報について学習することを知る。 ③情報は、どこから入手できるか考える。 ・身近な情報源「スマートフォン」の良い点、悪い点について考える。	・T1は、本時の内容がわかりやすいように、スライドに示す。 ・メディアの情報には、どんなものがあるのか考えられるように例を挙げる。 ・スマートフォンは便利ではあるが、問題が多いことにも気づけるように話を進める。 ・スマートフォンの普及率なども説明する。	ワークシート 「情報をどこから得ていますか」部分 パソコン ワークシート 「身近な情報源は何ですか」部分
展開 30分	④性情報の正確性と危険性について知る。 ⑤情報の出どころによって、信用してよいかどうかを考え、ワークシートに記入する。 ⑥出会い系サイト等のメールが送られてきたときの対処法を考える。 ・そのようなメールは無視することを知る。 ⑦自分の身を守るためのルールを確認する。 ・「見ない」「書き込まない」「絶対会わない」のキーワードを覚える。 ⑧出会い系サイトのトラブルについての映像を見る。 ⑨出会い系サイトの危険性について考える。	・T1は、身近な問題であることを知らせる。 ・事例について、一つ一つ確認していく。 ・相手には悪意があることを伝える。 ・ワークシートをもとに考えられるように話を進める。 ・被害に遭わないための3つのNO、「見ない」「書き込まない」「絶対会わない」をキーワードにして伝える。 ・性情報による被害などを再度確認する。 ・ワークシートのフローチャートを利用して説明していく。 ・「見ない」「書き込まない」「絶対会わない」のキーワードを繰り返す。	ワークシート 「性情報の正確性と危険性」部分 パソコン ワークシート「問題」部分 ワークシート 「身を守るための決まり」部分
振り返り 10分	⑩本時の学習を振り返る。 ⑪終わりの挨拶をする。	・T1は、授業で学んだこと、感じたことを記入するようにする。	ワークシート 「学習したこと」部分

209

教師用表紙　WS20　性情報への対処

高等部普通科職業コース　　　　　　　　　　　　　　　　　　　　　年　　　月　　　日

≪保健体育≫

性と健康

—身近な性に関する情報と向き合うために—

> **《本時の目標》**
>
> 1　身の回りには、多くの性情報があることを知る
>
> 2　危険な性情報があることを知る
>
> 3　性情報に対する適切な行動を考える

2

児童生徒・保護者配布用表紙　WS20　性情報への対処

高等部普通科職業コース　　　　　　　　　　　　　　　　年　　月　　日

≪保健≫

性と健康

—身近な性に関する情報と向き合うために—

≪今日の学習内容≫

1　身の回りには、多くの性情報があることを知ろう

2　いろいろな情報の正確性と危険性を学ぼう

3　インターネットやスマートフォンによる被害にあわないためには、どのように、行動すればよいかを学ぼう

名前＿＿＿＿＿＿＿＿＿＿＿＿＿＿＿＿＿＿＿＿

実践編 ⑳ 身近な性に関する情報と向き合うために　　ワークシート、イラスト（CD-ROM 収録）

3

1　みなさんは、いろいろな情報をどこから得ていますか。

4

2　あなたにとって身近な情報源は何ですか。

　　自分が持っている物や普段使っている物を考えてみましょう。

_____

①良いところ

②悪いところ

3 性情報の正確性と危険性

　思春期になると、性への関心が高まり、もっと知りたいと思う気持ちが起こるようになります。現代社会は、テレビ、ビデオ、インターネット、スマートフォン、雑誌などから、簡単に性についてのさまざまな情報（**性情報**）を得ることができます。

　しかし、発信者が誰かわからず、どのような理由で発信しているのかわからないネット情報は、「信用できない」こともあります。

そのネット情報は、信用できますか

間違った情報には、どのように対処したらよいのでしょうか。

インターネットによる被害にあわないために
・インターネットを切る。 ・不安がある場合は、家族や学校の先生などと相談する。

4 問題

①次の情報は、信用できますか、信用できませんか。あてはまるところに〇をつけてください。
その理由も書いてください。

信じる	信じない	わからない
インターネットにのっていた		

≪理由≫

信じる	信じない	わからない
会ったことがない人からメールが届いた		

≪理由≫

信じる	信じない	わからない
先輩が話していた		

≪理由≫

実践編 ⑳ 身近な性に関する情報と向き合うために　　ワークシート、イラスト（CD-ROM 収録）

7

② 次のようなメールが来たら、どうしますか？

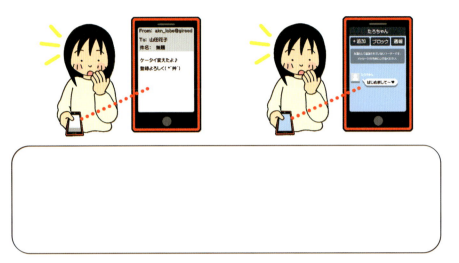

③ Aさんにアドバイスをしましょう。

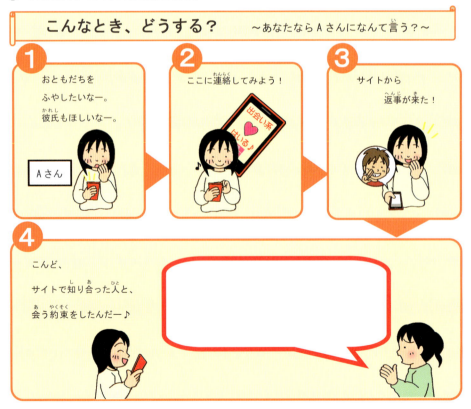

中・高校生のみなさんの身を守るための決まりです。

携帯のメールに出会い系サイトの案内が送られてきました。

→ **見ない**

携帯に届いた「出会い系サイト」の勧誘メールは「見ない」こと。迷惑メール対策をして、危ないメールが来ないようにすることも大切です。

↓ 好奇心で見てしまうと

同じ趣味を持った理想的な相手が見つかりました。

食事をするだけでお金をくれるという書き込みを見つけました。

→ **かきこまない**

「名前を書きこまなくてもいいから安心」と思って興味本位で利用し、犯罪に巻きこまれるケースが多く発生しています。一度書きこみをしてしまうと、相手はいろいろな言葉で誘ってきます。

↓ 返事を書いてしまうと

やさしそうな人で「会いたい」と言ってくれました。

お金をくれるという相手は、会社の社長さんでした。

→ **ぜったいあわない**

やりとりを始めてしまうと相手のことがわかったつもりになり、「会ってみようかな」と思ってしまいます。それこそが相手のねらいです。

あぶない！

警視庁のホームページよりストーリーを引用

実践編 ⑳ 身近な性に関する情報と向き合うために　ワークシート、イラスト（CD-ROM 収録）

9

今日の授業で、学習したことや感想を書いてみましょう。

保護者の方へ
　ご家庭でスマートフォンを与えるときには、使うときの「決まり」を、本人と話し合って決めてください。その「決まり」を守るようにする責任は、保護者にあります。保護者の方は、このような危険性が伴うという覚悟の上で、スマートフォンを与えてください。
　また、お子さんのインターネット通信の内容は、随時見るようにしてください。

本日の授業のワークシートです。
ご覧いただきまして、ご意見ご感想をお聞かせください。
また、ご家庭で工夫していることなどがありましたら、どのようなことでもよいので是非お知らせください。

　　　月　　日（　）までに担任にご返却ください。

第3章 資料編

学校での指導、保護者との連携

特別支援学校での性に関する指導

❶ 千葉県教育委員会からの研究指定　～とにかく授業実践～

　本校は、平成26年度千葉県教育委員会から「一人一人の教育的ニーズに応じた教育課程（性に関する指導）」という課題で研究指定を受けました。そして、研究の講師の一人は、この年に本校に異動したばかりのわたしでした。

　本校の研究テーマは、「一人一人の教育的ニーズに応じた『性に関する指導』について―性に関する指導にかかわる資料作りを通して―」です。研究期間は、単年度です。千葉県教育委員会からの本校への要望は、学習指導案（略案）や教材教具を他校に向けて発信してほしいというものでした。

　特別支援学校での性に関する指導は、どこの学校でも課題が多く悩んでいます。

　そのような中で、多くの学校では職員や保護者に向けて、講師を招聘して講演会を開催しています。そして、その時は「よかった」「とても参考になった」とたくさんの方が感想を持ちます。しかし、ではいざ授業…となると、どうしてよいかわからず、その後は頓挫してしまうのが実情です。ですから、各校では計画などは立派なものが作成できますが、授業実践の難しさが大きな課題となっています。

　12月にある県の特別支援学校の養護教諭が、本校の性に関する指導の取り組みについて情報を得たいということで来校されました。この学校でも、「性に関する指導」を学校全体の課題として、教育課程に位置づけ取り組み始めたということでした。その時、同校の「性に関する指導」の計画等の冊子を持参されました。あまりの素晴らしさに「本校よりも整っているのではないですか」と話すと、「先生、紙面上はいくらでも書けます。問題は実践です。実践がほとんどありません。本格的な実践は、これからです」というお返事に驚き、実践の難しさを痛感しました。

　平成26年度は、小学部1年から高等部3年まですべての学年で、性に関する指導を実施しました。まだまだ途中ですが、平成26年度の経過の一部を報告します。

　私が日頃話すことは、「とにかく、授業実践を行ってみる。やらなければ何も言えない、やることによって、いろいろなことが見えてくるし、今後の課題がわかる」。完璧な計画よりも、実践重視というのが私流です。計画ばかりに力を注いでいては、先に進まないからです。

❷ カフェテリア方式の導入　～授業実践の進め方～

　カフェテリア方式とは、松浦賢長先生が提唱されている性教育のスタイルです。松浦賢長先生は、福岡県立大学看護学部で養護教諭の養成をされています。わたしは、この時はまだ松浦先生に直接お会いしたことはなかったのですが、雑誌などの記事からカフェテリア方式を知り、かねてから特別支援学校での性に関する指導は、このカフェテリア方式を取り入れてはどうかと思っていました。以前の学校では、このカフェテリア方式を取り入れていました。

　平成26年度、本校が研究指定校になった旨をお知らせすると、ご多用にもかかわらず、本校にご来校されました。短時間ではありましたが、研究主任と養護教諭とで〈特別支援学校で実施する"性に関する指導"の目指すところ〉のお話を伺いました。

❸ 小学部の実践　〜養護教諭は"目からウロコ"〜

　小学部での性に関する指導では、私がこれまでに考えなかった方法で実践が行われました。それは、生活単元学習の中に組み込んでいくということです。それは、担任にとっては当然であり、むしろそれ以外考えにくいかもしれませんが、養護教諭の発想では及ばないことで感心しました。養護教諭が行う保健指導は、歯みがき指導、手洗い指導などどちらかというと単発の指導が多くなります。

　しかし、平成26年度最初に参観した小学部3年生の授業で『「ショッピングモールへ行こう」―おとこトイレ、おんなトイレどっちにはいる？―』という題材名を見たときに驚きました。校外学習がテーマの生活単元学習に「性に関する指導」を取り入れていたからです。

　小学部2年生の『きれいなてで、わくわくパーティー！』では、この単元の最終日にパーティーが行われます。その楽しい活動のために、手洗いを学ぶ機会が設定されていました。生活単元学習活動計画の中に、いろいろなアプローチによる手洗いの実践が入っていました。県内特別支援学校養護教諭部会でこの話をすると、皆一様に"目からウロコ状態"でした。

　学校全体で取り組むと、たくさんの素晴らしいアイディアが生まれるのだと思いました。

❹ 中学部の実践　〜カフェテリア方式での授業実践〜

　中学部では、生徒一人一人の教育的ニーズに合わせ、カフェテリア方式を取り入れて実践を行いました。全部で4回実施し、それぞれの回で3つのカフェ（学習内容別の3つのグループ）が準備され、生徒の教育的ニーズによってグループ分けをするので、グループ編成は、毎回違います。各回の大きなテーマは、表1です。各月はテーマに対して3つのカフェ（3つのグループ）を準備します。たとえば、7月は①からだの名称②からだの清潔③からだの変化　男女別（二次性徴）のカフェを準備します（※7月は、男女別にも実施したのでカフェは、4つになりました）。

　たくさんのテーマがあり広く学習できてよかった、生徒のニーズに応じた学習内容を提供できたという意見がある反面、毎回グループ内の生徒と教師が変わるので、単発だけのグループ編成では生徒には授業の見通しが立ち難いとの意見もありました。平成26年度は、初めてカフェテリア方式で授業実践しましたが、短期間に他クラスや他学年の教員と意見を出し合い、毎回授業を創り上げていく過程で、教師の「性に関する指導」に関しての意識が高まったという成果があげられていました。

実施月		7月		9月	11月	2月
テーマ		からだ		人間関係	身だしなみ	家庭・社会の一員のして
	1	からだの名称		友だちと仲良く	からだの汚れと清潔	公共でのマナー
	2	からだの清潔		友だちと協力	基本的な身だしなみ	公共での態度
	3	からだの変化（二次性徴）		異性との接し方	季節に応じた身だしなみ	家庭での役割
		男	女			

表1　中学部・カフェテリア方式での性に関する指導

❺ 高等部（流山分教室　職業コース）

　柏特別支援学校の流山分教室は、本校から車で10分程離れた千葉県立流山高等学校内に設置され、全員が職業的自立をめざしています。1学年生徒8名という小集団での学習です。

　高等部で「性に関する指導」を行うとき、生徒たちに「あれもダメ」「これもダメ」という「つまらない未来」ではなく、「楽しい将来を思い描けるような授業」を行いたいという願いがありました。「楽しい将来、そのために今行うべきことは…」ということを念頭に置きながら指導計画を立てていきます。6回の設定内容は、①二次性徴　②初経・精通（男女別）　③受精・妊娠　④男女のかかわり・性情報への対処　⑤性被害・性加害　⑥男女交際～デートプランを作ろう～です。

　生徒たちは、毎日「性に関する指導」の学習をしているわけではありません。作業学習、様々な教科学習があります。その中で、「性に関する指導」は、保健体育の保健分野として月1回取り組むのがやっとです。月に1回の授業では、前回の復習から始まり、その復習に時間がかかることもよくあります。ですから、卒業までに伝えたいことを精選して、授業を組み立てていかなければならないと思っています。在学中にこれだけは、という内容だけを多方面からのアプローチで、教材を工夫して、生徒たちの心に響き、印象に残る授業とはどのようにすればよいか、悩みどころでもあり、性に関する指導の醍醐味でもあるかと思います。

　性に関する指導を中心的に実践した教師がたくさんの意見や感想を持ったようです。わたしは、「何よりも実践したことが先生の大きな力です。この1年間何回も授業を行い、実践者でしかわからない多くを学びました。先生が、今度は発信者になってその経験を多くの人に伝えてほしい」と話しています。

❻ 高等部（本校）の授業と駒﨑先生のイラストとのコラボレーション

　特別支援学校で、性に関する指導を行うときに困るのは、イラストです。視覚優位の子どもたちが多いので、イラストなど視覚的教材はとても教育効果があります。しかし、現実的に高等部の生徒の実態に合ったイラストは、非常に少ないことが大きな悩みとなります。これはどこの特別支援学校でも同じではないでしょうか。

　たとえば、高等部では、性被害（防犯）の授業を行うことになりました。性被害にあわないための対処法

としてよく使われる標語は「いかのおすし」つまり、「いかない」「のらない」「おおごえをだす」「すぐにげる」「しらせる」です。しかし、授業で使うためのイラストをさがすと、対象は幼児または小学生ばかりです。高校生のイラストはほとんどありません。わたしは、高校生の授業で幼児のイラストは使いたくないと思いました。そこで、思いついたことが、千葉県養護教諭会調査研究委員会で数年間一緒にお仕事をさせていただいた船橋市立船橋特別支援学校養護教諭の駒﨑亜里先生にお願いすることでした。駒﨑先生は、快くお引き受けくださいました。このイラストには、職員の皆が感動していました。

❼ 保護者との連携

「性に関する指導」を進めるにあたって、保護者との連携は必須と考えます。学校での授業を保護者も同じ目線でとらえてほしい、無用なトラブルは避けたいという願いがあります。

連携はどのように行ったらよいでしょか。それは、学校からの情報発信、情報提供そして学校と家庭との情報共有化だと考えます。

（1）事前、事後のお知らせ

保護者との連携のために欠かせないことは、学校からの情報発信です。事前に「期日、内容、持ち物など」を記載したお知らせ（内容によっては学年便りなど）などを配布すると効果的です。事後のお知らせは、（2）のワークシートを活用します。

（2）ワークシートの活用

わたしが前々任校から行っているのが、ワークシートです。一般的にワークシートというと、子どもたちの学習用の問題プリントのイメージかと思います。私が「性に関する指導」で使うワークシートは、次の3点を意識して作成しています。

①子どもたちが、学習に使う。ワークシートと同じ内容をパワーポイントにして授業で活用する。

②子どもたちだけではなく、保護者にも伝えたい内容を取り入れる。

③最終ページに保護者からの感想を記入していただく欄を設ける。

そこには、あらかじめ学校への返却日も記載しておき、担任が連絡帳等で返却日を記入する手間を省くようにしています。さらに「ご家庭で話題にしていただけると幸いです」などというコメントを入れ、ワークシートの使い方を一言書いておきます。このような工夫があるとワークシートをとても効果的に活用できます。

ワークシートのように体裁が整っていなくとも、保護者からの感想などをいただくことは、保護者との連携のきっかけとなり、次へのステップにとても効果的です。

（3）授業参観

高等部流山分教室では、『性被害から自分を守る』という題材を扱う日を授業参観にあてました。保護者は、授業中に生徒たちが視聴したDVD『痴漢に間違われる』を、生徒たち以上に食い入るように見入っていました。保護者の認識の変化をリアルタイムで感じ取ることができました。保護者の感想からも、ワークシートからの情報ではなく、実際に授業を参観することがとても効果的であったことわかりました。

❽ さいごに

研究指定校ということで、学校全体で、性に関する指導に取り組みました。学校全体で実践していくことで、これまで気がつかなかったたくさんの発想や素晴らしいアイディアが無数に生まれていることに本当に驚かされました。先生方からは、「もっと〜すればよかった」「次は○○したい」「授業が楽しいです」などという声を幾度となく耳にしました。このような感想は、授業実践者にとって手ごたえがあり、子どもたちや保護者の変容を感じるからではないでしょうか。

今後さらに"そんなこと思いつかなかった"というような授業展開の考案につながるよう養護教諭として、協力できればいいなと思っています。

※初出、「健康教室」2015年2月増刊号『養護教諭 LIFE2』（東山書房）。一部改変して掲載

保護者との連携
授業の一端を担っていただくために

「保護者も性教育のカウンターパートに！」・・・本書がご提案する新しい考え方です。

カウンターパートとは何か。それは性教育の授業の一端を担っていただく存在ということになります。ただし、これは「言うはやすく、行うはかたし」、の典型です。

これをことわざの典型にしないためにはどうするのか。それは保護者との日々の連携作りになります。連携は、自然に生じるものではありません。連携とは、信頼の上に成り立つものです。信頼とは何か。それは小さな「約束」の積み重ねです。

この「約束」のうち、とても重要なのが、情報の還元です。子どもの学校での様子や学んだことがら等、たとえばこれらの情報が適時保護者に還元されること、これは重要な「約束」です。言葉を換えれば、まずは学校（担任）から積極的に保護者に情報を伝え（学校における子どもの情報を還元するということです）、働きかけていく。これが連携をはぐくむポイントになります。この考えをもとにした工夫をご紹介します。

❶　事前のお知らせ

性教育の授業を行う前には、必ず保護者にお知らせをします。お知らせの方法としては、きちんと文書を配布する方法（227頁参照）や学年・学級だよりなどでお知らせする方法があります。お知らせする目的は、学校での授業内容を事前にご理解いただくためと、授業後の無用なトラブルを避けるためです。性教育については、様々な考え方があります。授業後に「あのような内容の授業は、実施してほしくなかった」ということがないように十分配慮します。

そして、「授業は是非ご参観ください」と、授業参観のお誘いを必ず添えてご案内します。

❷　授業の内容や感想

今回のすべてのワークシートには保護者との連携部分を設けてあります。

①「保護者の方へ」としてご家庭で担っていただくポイントの提示欄

②保護者から授業への感想や、家庭における日頃の工夫、悩みなどを記載していただく欄

この2つの項目欄は、よりよい性教育を作り上げていくためのとても重要なやりとりとなります。学校では見えていない家庭の様子や工夫、あるいは困りごともそうですが、家庭と一緒になって子どもの自立を目指す取り組み（性教育授業）とします。

完璧な性教育は存在しません。わたしたちには子どもの自立を目的として、常に一つ一つの授業を改善していくことが求められています。いわゆる本当にPDCAサイクルをまわすということです（チェック・アクションのところですね）。

❸　コメントをいただいた保護者への対応

上記2②の欄で、コメントをいただいた保護者には、コメントへのお礼のメモなどをお渡しすると、さらに連携が深まります。保護者は、「コメントを書いてよかった」「次も書いてみよう」という気持ちになり、

学校への関与意識（コミットメント）が高まります。これは性教育授業への関与意識を高めてもらうことに直接つながっていきます。

　保護者へのお礼メモの一例を掲載します。

公用文書ではないので、できるだけ、優しい感じのフォントを使います。

　この度は、ご多用中にも関わらず、貴重なコメントをいただきまして誠にありがとうございました。
　今後の教育活動の参考にさせていただきます。

季節感のある草花などのイラストを添えるとさらに印象がアップします。

保護者宛文書　例1

保護者宛文書例1

平成　年　月　日

中学部　年生保護者　様

千葉県立柏特別支援学校
校　長　○　○　○　○
保　健　指　導　係

「性に関する指導」のお知らせ

　初冬の候、保護者の皆様には、日頃より本校の教育活動に御協力をいただきましてありがとうございます。

　さて、中学部　年生では、　　月　日（　）に保健指導の一環として、性に関する指導「大きくなったわたしたちのからだ」を行います。授業内容は下記のとおりです。

　性に関しては、御家庭では話題になりにくいことも多いかと思います。授業で使用したワークシートを学習後に返却いたしますので、御家庭でお子様と学習内容について話題にしていただければ幸いです。

　また、御家庭から御意見等を記入していただく欄がありますので、授業の感想や御家庭での工夫などがありましたら、ぜひお聞かせください。

　お手数ですが、ワークシートは、　　月　日（　）までに返却していただけるよう御協力をよろしくお願いいたします。

　なお、御都合がつきましたら、是非授業を御参観ください。

記

1　授業のねらい
　　① 思春期の男女の体の変化を知る
　　② 体のことで困ったときに心配なことを相談できる相手を知る

2　授業の内容
　　① 赤ちゃんはおむつをしていると、男女の区別がつかない。
　　② 自分や学年の教師や友だちの写真カードで男女に分ける。衣服を着ていても男女の違いが分かるのはなぜか。
　　③ おとなの体に変わる時期を「思春期」という。
　　④ 思春期には、体が変化する。
　　⑤ 思春期の体の変化には、男女の違いや個人差がある。
　　⑥ 体のことで困ったことがあったときには、だれに相談したらよいか。

保護者宛文書　例2

保護者宛文書例2

平成　年　月　日

中学部保護者　様

千葉県立柏特別支援学校
校　長　○　○　○　○
保　健　指　導　係

「性に関する指導」のお知らせ

　小暑も過ぎ、梅雨明けが待ち遠しい今日この頃です。保護者の皆様には、日頃より本校の教育活動に御協力をいただきましてありがとうございます。

　さて、中学部では、　　月　日（　）に保健指導の一環として、性に関する指導を行います。今回は、「からだ」というテーマで①からだの名称②からだの清潔③からだの変化（二次性徴　男女別）の3つのグループで学習します（カフェテリア方式といいます）。

＿＿＿＿＿＿＿＿＿＿＿＿＿さんは、〔①からだの名称②からだの清潔③からだの変化〕で学習する予定です。

　性に関しては、御家庭では話題になりにくいことも多いかと思います。授業で使用したワークシートを学習後に返却いたしますので、御家庭でお子様と学習内容について話題にしていただければ幸いです。

　また、御家庭から御意見等を記入していただく欄がありますので、授業の感想や御家庭での工夫などがありましたら、ぜひお聞かせください。

　お手数ですが、ワークシートは、　　月　日（　）までに返却していただけるよう御協力をよろしくお願いいたします。

　なお、御都合がつきましたら、　　月　日（　）の授業を御参観ください。

保健　事前アンケート

高等部　普通科職業コース　　保健　　事前アンケート
年　　組　名前（　　　　　　　　　　　　　　）

　このアンケートは性に関する保健の授業のアンケートです。他の人に見せることはありません。正直に答えてください。分からないところは書かなくてもよいです。

1、あなたの性別（男・女）を教えてください。

2、（男子）精通・射精について知っていることを書いてください。
　　初めての射精（精通）があったのはいつ頃ですか（何年生のとき）

2、（女子）月経について知っていることを書いてください。
　　初めての月経（初経）があったのはいつ頃ですか（何年生のとき）

　射精、月経（あり・なし）（小学　中学　高校　　　　年生のとき）

3、あなたは、異性に好きな人がいますか。

4、あなたは、好きな人（異性）に「好きです。」と告白されたらどうしますか。

5、あなたに交際している人がいて、そのことを相談できる人はいますか。

誰に相談しますか（　　　　　　　　　　　　　　　　）

6、性交について知っていることを書いてください。

7、避妊方法について知っていることがあれば書いてください。

8、性感染症について知っていることがあれば書いてください。

9、パソコンやスマートフォン、雑誌で、出会い系サイトやアダルト画像、動画を見たことがありますか

10、今、悩んでいることはありますか。あれば書いてください。

初経指導と月経指導

　わたしは、これまでに小学部の児童を集めて（集団で）初経指導を実施したことがありません。集団としては保護者には、研修会や懇談会での講話で対応し、必要に応じて個別相談で対応しています。小学部の児童に、これから将来、初経という事象が自分自身に起きるという未来予測的な授業は難しいと考えるからです。一方、小学部の保護者においては、初経・月経への不安や心配がとても大きく、研修会で必ず質問される項目となっています。そのときにわたしが、保護者に伝えることは2点です。それは①「心配することはありませんよ」とまずは安心してもらうことと、②「そのためには準備が必要ですよ」ということです。以下のように説明します。

①以前（数十年前まで）は、月経時に最も困ったことは、ナプキンをつけていられない、すぐにとってしまうということでした。校庭を走りながらナプキンを捨てる、スクールバスの窓からナプキンを捨てるなどという光景は珍しくありませんでした。そのため、わたしたちは、いかにしてナプキンをとらないようにできるかという工夫（たとえば洋服など）が最大の課題でした。しかし、今では、ナプキンに対する違和感は以前に比べればかなり少なくなっていると思われます。しっかりと羽があり、ナプキンの大きさも種類も豊富にあるからです。「実際、（自校の）高等部の生徒さんで、月経の手当でものすごく困っているということを聞いたことがありますか。ないですよね」と話すと、保護者は「確かに…」と頷き、かなり安心されます。

②保護者にお伝えする2つ目は、初経に向けてご家庭で事前の準備を行っていただきたいということになります。どのような準備かというと、ナプキンやショーツ等の物品が一般ですが、それだけではなく、月経時を想定して毎月1週間くらいナプキンをつけるという具体的な練習をするとか、ナプキンをショーツにつける位置がわかるようにショーツに小さく糸で印を付けておくなどもあります。また、可能であれば、母親がご自身の月経時の様子を見せるということも考えられます。

　初経への不安が解消されるように、学校で、是非上記の内容を保護者に伝えていただきたいと思います。また、保護者は、わが子に多くの工夫をしています。小学部の保護者が、既に月経がある高等部の保護者から情報を得る機会があると、多くの心配や不安は解消されることもあると思っています。

　中学部・高等部の生徒は、集団での月経指導を行っています。月経時の対応と月経の記録です。本校では、高等部普通科職業コースでも、毎年1回は月経時の対応について集団指導をしています。確実に身につけて社会に出るという目標があるからです。また、月経の記録については、自分のサイクルを知る、次の月経が予想できる、妊娠の可能性を発見できる等の体調管理に役立ちます。約束事として、見せるのは家族だけということも伝えていく必要があります。

第4章 素材編

CD-ROM 収録 イラスト一覧

素材編　CD-ROM 収録イラスト一覧

WS01 トイレのドア(女の子)	WS01 トイレのドア(男の子)	WS01 トイレマーク(女子)	WS01 トイレマーク(男子)	WS01 わかりにくいトイレ(女性)	WS01 わかりにくいトイレ(男女)

WS01 わかりにくいトイレ(男性)	WS01 女の子(はてな)	WS01 女の子(ひらめき)	WS01 女の子(困っている)	WS01 女の子(指差し)	WS01 女の子(遊んでる)
WS01 女の子	WS01 身障者マーク	WS01 人に聞く(女の子)	WS01 人に聞く(男の子)	WS01 誰でもトイレ2	WS01 誰でもトイレに入ろう
WS01 男の子(はてな)	WS01 男の子(ひらめき)	WS01 男の子(困っている)	WS01 男の子(指差し)	WS01 男の子(遊んでる)	WS01 男の子

WS01 養護教諭－1	WS02 おしまい	WS02 おしりを洗う	WS02 お腹を洗う	WS02 のれん(女)	WS02 のれん(男)

WS02 またを洗う	WS02 胸を洗う	WS02 首を洗う	WS02 足を洗う	WS02 体を拭く	WS02 体を洗う

WS02 体を流す(立位)	WS02 湯船に入る	WS02 背中を洗う	WS02 服を脱ぐ	WS02 服を着る	WS02 養護教諭－1

WS02 脇を洗う	WS02 腕を洗う	WS03① プール楽しみ	WS03① ラップタオルの中で着替える(...	WS03① ラップタオルの中で着替える(...	WS03① ラップタオルを巻く(女の子)

WS03① ラップタオルを巻く(男の子)
 WS03① 更衣室(女)
 WS03① 更衣室(男)
 WS03① 人前で着替えない
 WS03① 養護教諭-1
 WS03② パンツ出さない(女の子)

 WS03② パンツ出さない(男の子)
 WS03② ラップタオルの中で着替える(…
 WS03② ラップタオルの中で着替える(…
 WS03② ラップタオルを巻く(女の子)
 WS03② ラップタオルを巻く(男の子)
 WS03② 女の子

 WS03② 人前で脱がない(女の子)
 WS03② 人前で脱がない(男の子)
 WS03② 水着姿(女の子)
 WS03② 水着姿(男の子)
 WS03② 男の子
 WS03おまけ Tシャツ(女)

 WS03おまけ Tシャツ(男)
 WS03おまけ スカート
 WS03おまけ ズボン
 WS03おまけ パンツ(女)
 WS03おまけ パンツ(男)
 WS03おまけ ラップタオル(女)

 WS03おまけ ラップタオル(男)
 WS03おまけ 肌着(女)
 WS03おまけ 肌着(男)
 WS04 お風呂マン
 WS04 ご飯を食べる
 WS04 テレビの前で体を拭く

 WS04 テレビの前で服を脱ぐ
 WS04 トイレに行く
 WS04 のれん(MEN)
 WS04 のれん(WOMEN)
 WS04 のれん(温泉マーク入り女)
 WS04 のれん(温泉マーク入り男)

 WS04 のれん(女)
 WS04 のれん(女猿) WS04 のれん(男) WS04 のれん(男猿)
 WS04 のれん(殿方)
 WS04 のれん(姫方)

WS04 小人(女)　WS04 小人(男)　WS04 体を洗う　WS04 体を流す　WS04 大人(女)　WS04 大人(男)

231

素材編　CD-ROM 収録イラスト一覧

WS04 男女で湯船に入る

WS04 湯船に入る

WS04 湯船に入る女の子

WS04 湯船に入る男の子

WS04 乳児(おむつ)

WS04 風呂場の前で体を拭く

WS04 風呂場の前で服を脱ぐ

WS04 幼児(女)

WS04 幼児(男)

WS04 養護教諭－1

WS04おまけ 女の子(プライベートゾー…

WS04おまけ 女の子(裸)

WS04おまけ 女の子(裸.後ろ向き)

WS04おまけ 男の子(プライベートゾー…

WS04おまけ 男の子(裸)

WS04おまけ 男の子(裸.後ろ向き)

WS05 悪い挨拶(小学生風)

WS05 悪い座り方

WS05 悪い並び方2(影武者なし)

WS05 悪い並び方3

WS05 悪い誘い方(小学生風)

WS05 距離近い

WS05 見せて下さい(悪い例)

WS05 見せて下さい(良い例)

WS05 手の長さだけ離れる

WS05 養護教諭－1

WS05 良い挨拶(小学生風)

WS05 良い座り方

WS05 良い並び方2

WS05 良い並び方3

WS05 良い誘い方(小学生風)

WS05おまけ 悪い挨拶(男の子)

WS05おまけ 悪い座り方(男の子)

WS05おまけ 悪い並び方(影武者なし)

WS05おまけ 悪い並び方(男の子)

WS05おまけ 悪い並び方

WS05おまけ 悪い並び方2(男の子)

WS05おまけ 悪い並び方2

WS05おまけ 悪い誘い方(男の子)

WS05おまけ 見せて(男の子の悪い例)

WS05おまけ 良い挨拶(男の子)

WS05おまけ 良い座り方(男の子)

WS05おまけ 良い並び方(男の子)

WS05おまけ 良い並び方

WS05おまけ 良い並び方2(男の子)

WS05おまけ 良い誘い方(男の子)

WS06 イカのお寿司

WS06 悪いあいさつ

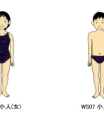

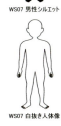

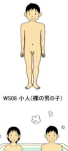

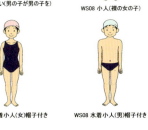

素材編 CD-ROM 収録イラスト一覧

 WS08 男女一緒にプール
 WS08 男女別に入浴
 WS08 男女別プール
 WS08 湯船に入る女子2
 WS08 湯船に入る男子2
 WS08 養護教諭－1

 WS09 カバンの中にある
 WS09 カレンダーの女の子
 WS09 サニタリーボックス
 WS09 そのまま捨てる
 WS09 そのまま履いている
 WS09 トイレに行くたび（拡大）

 WS09 トイレに行くたびに
 WS09 トイレに流す
 WS09 ナプキンを持って行く（拡大）
 WS09 ナプキンを持って行く（拡大・×...
 WS09 ポーチを持って行く（拡大・〇あり）
 WS09 わたしのカレンダー記入例

 WS09 学校のトイレ（個室）
 WS09 学校のトイレ（全体）
 WS09 月と女の子
 WS09 色の濃い服
 WS09 色の薄い服
 WS09 星

 WS09 先生に言われてトイレに行く（...
 WS09 先生に相談2
 WS09 部屋にある
 WS09 保健室の先生に相談
 WS09 包む
 WS09 包んで捨てる

 WS09 友達に相談
 WS09 養護教諭－2
 WS10 イカ
 WS10 いかのおすし
 WS10 イカのお寿司
 WS10 おじいちゃん

 WS10 おばあちゃん
 WS10 おばちゃん
 WS10 お兄さん
 WS10 お母さん風
 WS10 ギャル風
 WS10 ショッピングセンター

 WS10 ついていく女子
 WS10 ついていく男子
 WS10 ブザーを鳴らして逃げる男子
 WS10 ヤクザ風
 WS10 家族に知らせる女子生徒
 WS10 会社員風

WS10 学校の先生に知らせる女子生...

WS10 公園

WS10 公園のトイレ

WS10 作業員

WS10 車から声をかけられる男子

WS10 車に乗ってしまいそうな男子

WS10 車に乗るのを断る男子(改訂)

WS10 人通りの少ない道

WS10 声をかけられる女子

WS10 声をかけられる男子

WS10 大声を出す女子

WS10 大声を出す男子

WS10 断る女子(改訂)

WS10 男性職員

WS10 逃げる女の子

WS10 歩く女の子

WS10 暴力

WS10 防犯ブザー

WS10 防犯ブザーを鳴らす女の子

WS10 夜道

WS10 友達に知らせる女子

WS10 誘拐

WS10 露出狂

WS11 たくさんの人の中でニヤニヤ

WS11 バスの中で女性を見つめる

WS11 胸を触る

WS11 取り調べ

WS11 女性と女性の間が狭く空いて...

WS11 性器いじり

WS11 男性職員

WS11 電車の中で女性を見つめる

WS12 デパートで女性(光るもの)を見...

WS12 バスの中で女性を見つめる

WS12 公園で小さな子を見つめる

WS12 取り調べ

WS12 女性の足元に落し物

WS12 女性の足元に落し物2

WS12 男性職員

WS12 電車の中で女性を見つめる

WS13 おばあちゃん

WS13 お母さん風2

WS13 取り調べ

WS13 授業風景

WS13 女性の足元に落し物

WS13 女性の足元に落し物2

WS13 相談相手

WS13 相談相手2

WS13 相談相手3

素材編 CD-ROM 収録イラスト一覧

 WS13 男性職員
 WS13 男性相談員
 WS13 男性相談員2
 WS14 どうしたら?
 WS14 意見を言う
 WS14 取り調べ

 WS14 授業風景
 WS14 男性職員
 WS14 逃げない
 WS14 名前を言う
 WS14 療育手帳
 WS14 連絡してもらう

 WS15 BくんがAさんにくっついて歩く(文...
 WS15 BくんがAさんにくっついて歩く
 WS15 ふれあいたい
 WS15 何度もメール(文字入り)
 WS15 何度もメール
 WS15 女子が男子に抱きつく(文字入...

 WS15 女子が男子に抱きつく
 WS15 女子生徒
 WS15 女性が気になる
 WS15 女性職員
 WS15 男子生徒
 WS15 男性が気になる

 WS16 お風呂
 WS16 そのまま履いている
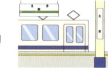 WS16 駅
 WS16 教室
 WS16 公園
 WS16 自分の部屋

 WS16 捨てて履き替える
 WS16 小人(女)
 WS16 小人(男)
 WS16 精子どうなるの?
 WS16 洗濯機に入れる
 WS16 男性職員

 WS16 電車やバスの中
 WS16 布団の中
 WS16 夢精
 WS17 2ヶ月
 WS17 3ヶ月
 WS17 4ヶ月

 WS17 5ヶ月
 WS17 6ヶ月
 WS17 7ヶ月
 WS17 8ヶ月
 WS17 9ヶ月
 WS17 10ヶ月

236

WS17 お腹が大きくなる
 WS17 カレンダー
 WS17 月経止まる
 WS17 受精卵の大きさ
 WS17 食欲がなくなる
 WS17 新生児

 WS17 体温が上がる
 WS17 体重が増える
 WS17 妊娠検査薬
 WS17 病院へ行く
 WS17 養護教諭－1
 WS18 おばあちゃん

 WS18 お母さん風2
 WS18 住居がある
 WS18 女性相談員2
 WS18 生活費がある
 WS18 相談相手
 WS18 男性相談員

 WS18 男性相談員2
 WS18 通学できる
 WS18 働く
 WS18 妊娠？
 WS18 妊娠検査薬
 WS18 病院へ

 WS18 病院へ行く
 WS18 福祉サービスを受ける
 WS18 望まない妊娠
 WS18 養育費がある
 WS18 養護教諭－1
 WS19 おりもの増える

 WS19 お付き合い
 WS19 お腹が痛い
 WS19 バランスの良い食事
 WS19 ホッとする
 WS19 マスクをつける
 WS19 一人で病院へ行く

 WS19 換気をする
 WS19 手を洗う
 WS19 症状がない
 WS19 人混みを避ける
 WS19 性器が痛い
WS19 性器が痒い

 WS19 排尿痛
 WS19 不安になる
 WS19 不特定多数
 WS19 養護教諭－1
 WS20 インターネットに載っている
 WS20 フィルタリングをかける

237

素材編 CD-ROM 収録イラスト一覧

WS20 メールがきた

WS20 引き留める

WS20 会ってみようかな

WS20 怪しいLINE

WS20 怪しいメール

WS20 書き込む

WS20 女性職員

WS20 情報の入手先

WS20 性情報の入手先

WS20 先輩の話

WS20 知らない人からメール

WS20 婦警さん

WS20 返信きた

WS20 返信きた2

WS20 有害サイト

トイレ ウンチを流す

トイレ おしりを拭く

トイレ ズボンとパンツを膝まで下げる

トイレ タオルで拭く

トイレ ドアを閉める

トイレ パンツとズボンを上げる

トイレ ペーパーを切る

トイレ 手を洗う

トイレ 電気を消す

トイレ 便座に座る

安全 つまづく

安全 フードをかぶり手はポケット

安全 後ろに転ぶ

安全 手がポケット

安全 手出して

安全 手袋と帽子

安全 前に転ぶ

安全 狙われる

安全 聞こえない

教諭 授業準備

教諭 女性職員

教諭 女性職員-2

教諭 男性職員

教諭 男性職員-2

教諭 養護教諭-1

教諭 養護教諭-2

身だしなみ 座って靴を履く

身だしなみ 女性の胸を触らない

身だしなみ 身だしなみ(女子)

身だしなみ 身だしなみ(男子)

身だしなみ 先生にくっつかない

身だしなみ 先生に抱き付かない

身だしなみ 先生の胸を触らない

身だしなみ 立って靴を履く

洗顔 スッキリキラキラ

洗顔 水で洗う

洗顔 洗顔フォーム

洗顔 朝起きたら

洗顔 泡をつける

着替え カーテンを閉める(女子)

着替え カーテンを閉める(男子)

着替え ジャージを広げない(女子)

着替え ジャージを広げない(男子)

着替え 更衣室でふざけない(女子)

着替え 更衣室でふざけない(男子)

着替え 更衣室へ向かう(女子)

着替え 更衣室へ向かう(男子)

着替え 更衣室をいきなり開けない(...

着替え 更衣室をいきなり開けない(...

着替え 身だしなみを整える(女子)

着替え 身だしなみを整える(男子)

着替え 制服を広げない(女子)

着替え 制服を広げない(男子)

着替え 着替える(女子)

着替え 着替える(男子)

着替え 服をたたむ(女子)

着替え 服をたたむ(男子)

着替え 服を風呂敷で包む(女子)

着替え 服を風呂敷で包む(男子)

髭剃り 1分待つ

髭剃り カミソリとシェービングフォーム

髭剃り スッキリきれい

髭剃り 朝起きたらひげが

髭剃り 剃る

髭剃り 泡がなくなるまで洗う

髭剃り 泡をつける

CD-ROM収録データ使用上の注意

本書付録CD-ROMは、WindowsとMacの両プラットフォームに対応しています。付録のCD-ROMには2章のワークシートのWordデータとそこで使われているイラストデータが収録されています。ご利用いただくには、WindowsまたはMac OSを搭載したパソコンと、収録されている画像データを読み込み可能なソフトウエアが必要です。

■ワークシート

ワークシートはWordデータもしくはExcelデータの形式で収録しています。それぞれ名前の先頭に「WS01〜20」のワークシート番号がついています。

■イラスト

イラストデータはワークシート（WS01〜20）ごとに20フォルダに分かれており、それぞれにJPEGとPNGのデータ形式を収録しています。JPEG形式、PNG形式どちらの形式も画像処理ソフトやWord、Excelなどで読み込むことができます。

JPEG形式は画像を扱うことのできるアプリケーションのほとんどで読み込めるデータ形式です。JPEG形式の素材データは背景色を白で収録しています。

PNG形式は背景の透明情報が一緒に保存されているデータ形式です。PNG形式に対応するソフトウエアで読み込むと背景が切り抜かれた状態になります。素材同士を重ねて使うときに便利です。

■その他のデータ

その他、CD-ROMには以下の指導データとそこで使われるイラストのデータを収録しています。また、それ以外にも学校で利用するのに便利なイラストを多数収録しています。

・保護者宛文書例1、2（Word）
・保健事前アンケート（Word）
・傷の手当（PowerPoint）
・ひげをそろう（PowerPoint）
・顔を洗おう（PowerPoint）
・フードをかぶっていると（PowerPoint）
・ポケットに手を入れていると（PowerPoint）
・身だしなみ（Word）

【使用許諾範囲について】

本書付録のCD-ROMに収録されているデータは本書の購入者に限り、下記の事項に従い、個人・法人を問わず、そのままもしくは加工して使用できます。

記

（1）公序良俗に反する態様でデータを使用することはできません。
（2）データに関し、著作権登録、意匠登録および商標登録など知的財産権の登録を行うことはできません。
（3）商用目的での利用（個人・法人に関わらず対価を得て行う利用、および対価の有無に関わらず営利を目的とする利用）はできません。
（4）ホームページやインターネット上での利用はできません。

終わりに（編者から）

　わが国の性教育、その40年以上の歴史を振り返ると見えてくるものがありました。それは性教育（授業）の「目標」であり、授業の「評価」でした。ここから導かれたのが、「終わりから作る性教育」という全く新しい考え方であり、そのツールとしての新しいワークシートの考え方であります。保護者を性教育のカウンターパート（一端を担っていただく存在）にするという実際の工夫も新しいものだと思います。他にも新しい考え方をいくつか皆様にご提案させていただきましたが、それらはすべての子どもたちの自立を目指した授業のためにあります。「子どもが変わる！」、「保護者が変わる！」、そして何よりも授業を作る教師の視点が変わっていくために、本書は作られました。

　このように書きますと、理論が先行していたかのようですが、それは全くの逆なのです。まず、千葉県立柏特別支援学校における実践の積み重ねがあり、それをまとめていく際に、理論や学術的な裏付けがなされたのです。決して「理論ファースト」や「計画ファースト」ではありません。本書は「実践ファースト」、すなわち「子どもたちファースト」の流れで作られたことをここに明記しておきたいと思います。

　本書で提案させていただきました新しい考え方は、特別支援学校だけに向けてのものではありません。すべての学校に吹く新たな風となることを願っています。本書を世に出すことができたのは、千葉県立柏特別支援学校の高瀬初美先生（養護教諭）との出会いがあったからでした。それは、わたしの性教育学者としての大きなターニングポイント（「実践ファースト」をもとに性教育の構造化に取り組む転機）となりました。

　最後に、オリジナルのイラストを本書のためにたくさん作成していただいたコマザキ先生、休み返上で会合していただいた編集委員会の近藤明紀校長、末武真由美先生、武田和也先生、海老原三穂先生、そして高瀬初美先生、編集にご協力いただいた地元福岡の北岡嘉代先生に心から感謝いたします。素晴らしき「教師」たちとの時間はとても楽しいものでした。ありがとうございました。

福岡県立大学理事・教授　松浦　賢長

参考文献

・『「生きる力」を育む小学校保健教育の手引き』　文部科学省　平成25年
・『「生きる力」を育む中学校保健教育の手引き』　文部科学省　平成26年

・『中学校学習指導要領新旧比較対照表』　教育出版株式会社　平成29年

・『新編　新しいほけん3・4』東京書籍株式会社　平成29年
・『新・みんなのほけん　3・4年』　株式会社学研教育みらい　平成29年
・『新版　たのしいほけん　3・4年』　大日本図書株式会社　平成29年
・『新版　小学ほけん　けんこうってすばらしい　3・4年』　株式会社光文書院　平成29年

・『新編　新しい保健5・6』東京書籍株式会社　平成29年
・『新・みんなの保健　5・6年』株式会社学研教育みらい　平成29年
・『新版　たのしい保健　5・6年』　大日本図書株式会社　平成29年
・『新版　小学保健　見つめよう健康　5・6年』　株式会社光文書院　平成29年
・『わたしたちの保健　5・6年』　株式会社文教社　平成29年

・『新編　新しい保健体育』　東京書籍株式会社　平成29年
・『新・中学校保健体育』　株式会社学研教育みらい　平成29年
・『新版　中学保健体育』　大日本図書株式会社　平成29年
・『保健体育』　株式会社大修館書店　平成29年

・『現代高等保健体育　改訂版』　株式会社大修館書店　平成29年
・『最新高等保健体育　改訂版』　株式会社大修館書店　平成29年
・『高等学校改訂版　保健体育』　株式会社第一学習社　平成29年

・『新編　新しい理科5年』　東京書籍株式会社　平成29年
・『新版　たのしい理科5年』　大日本図書株式会社　平成29年
・『みんなと学ぶ　小学校理科5年』　学校図書株式会社　平成29年
・『未来をひらく　小学理科5』　教育出版株式会社　平成29年
・『わくわく　理科5』　株式会社新興出版社啓林館　平成29年
・『楽しい理科　5年』　一般社団法人信州教育出版社　平成29年

・北川末幾子、篠矢理恵編著：『特別支援教育にかかわる養護教諭のための本―養護教諭キャリアアップへの道しるべ―』
　株式会社ジアース教育新社　平成25年

執筆者等一覧

● **編著者**

松浦　賢長（福岡県立大学　理事・教授）

● **著作**

千葉県立柏特別支援学校

● **イラスト**

コマザキ先生【駒﨑　亜里】（船橋市立船橋特別支援学校　養護教諭）

● **校内編集委員会（職名）**

近藤　明紀　（校長）　　　　髙瀬　初美（養護教諭）　　　末武　真由美（教諭）

海老原　三穂（教諭）　　　　武田　和也（教諭）

● **執筆協力**

北岡　嘉代（福岡県立特別支援学校北九州高等学園　養護教諭）

● **研究同人**（　　　は、指導略案執筆授業者・ワークシート作成者等）

・**転退出者**（平成29年度所属・職等）

岩井　隆典（平成25年度～27年度　千葉県立柏特別支援学校長）

佐々木　希美（千葉県立富里特別支援学校　教諭）

石井　紗恵子（千葉県立矢切特別支援学校　教諭）

山本　絹子（千葉県立矢切特別支援学校　教諭）

磯山　正巳（千葉県立つくし特別支援学校　教諭）

髙橋　久義（千葉県立我孫子特別支援学校　教諭）

・**千葉県立柏特別支援学校教職員**（職名）

平尾　昌幸（教頭）	石垣　規雄（教頭）	井上　みどり（主幹教諭）
大橋　真子（教諭）	新垣　賢一（教諭）	佐藤　優子（教諭）
奥山　高志（教諭）	小笠原　一真（教諭）	狩野　ふじ子（教諭）
丸山　菜子（教諭）	飯島　啓太（教諭）	白井　智子（教諭）
田中　香代（教諭）	末武　真由美（教諭）	海老原　三穂（教諭）
池永　周平（教諭）	小野　俊郎（教諭）	渡邉　昌美（教諭）
萩原　明子（教諭）	武田　和也（教諭）	奈良岡　千菜（教諭）
根本　亜紀乃（教諭）	千葉　久美（教諭）	野村　憲夫（教諭）
狩俣　亮平（教諭）	木村　聡美（教諭）	斉藤　弘香（教諭）
髙瀬　初美（養護教諭）	島田　仁美（養護教諭）	

他　平成26年度～29年度に千葉県立柏特別支援学校に在籍した全教職員

デザイン：小林峰子（アトリエ・ポケット）

子どもが変わる　保護者が変わる
ワークシートから始める
特別支援教育のための性教育

平成 30 年 3 月 30 日　初版発行
平成 30 年 6 月 26 日　2 刷発行
平成 31 年 2 月 22 日　3 刷発行
令和 2 年 1 月 24 日　4 刷発行
令和 3 年 1 月 13 日　5 刷発行
令和 3 年 12 月 1 日　6 刷発行
令和 5 年 1 月 18 日　7 刷発行
令和 6 年 1 月 11 日　8 刷発行
令和 7 年 1 月 10 日　9 刷発行

■編　著　松浦　賢長
■著　作　千葉県立柏特別支援学校
■イラスト　駒﨑　亜里
■発行者　加藤　勝博
■発行所　ジアース　教育新社

〒 101-0054　東京都千代田区神田錦町 1 - 23 宗保第 2 ビル
　　　　　　Tel. 03-5282-7183
　　　　　　Fax. 03-5282-7892
　　　　　　E-mail：info@kyoikushinsha.co.jp
　　　　　　U R L：http://www.kyoikushinsha.co.jp/

印刷・製本　シナノ印刷株式会社

ⓒ Printed in Japan

定価はカバーに表示してあります。
乱丁・落丁はお取り替えいたします（禁無断転載）

ISBN978-4-86371-456-4